Sous la coordination de Julie Duruflé,
Étienne Manchette, Alice Tillier-Chevallier

Crimes de femmes

CHRONIQUE DE QUATRE AFFAIRES SULFUREUSES

Avec
Thomas Baumgartner – Claire Blandin
Fanny Bugnon – Fabrice Cahen
Christian Delporte – Anne-Emmanuelle Demartini
Michèle Pedinielli

PASSÉS/COMPOSÉS
RetroNews-BnF

Sources des images : RetroNews-BnF et Gallica-BnF.

ISBN : 979-1-0404-0966-3
Dépôt légal – 1re édition : 2024, octobre

170 bis, boulevard du Montparnasse, 75680 Paris Cedex 14

Sommaire

PARTIE III. « AVORTÉES » ET « AVORTEUSES » :
LE SCANDALE DE « L'AGENCE » DES BATIGNOLLES

Avant-propos

Les femmes tuent. Depuis toujours et aujourd'hui encore. L'ambition de ce livre n'est pas de retracer la réalité de la criminalité féminine, mais plutôt d'interroger le regard qui s'est posé au moment des faits sur celle qui a tué. De questionner, surtout, ce que la presse a pu provoquer de fascination, de marginalisation, d'attirance ou de dégoût pour la femme criminelle ; ce qui tend, dans l'imaginaire collectif, à faire des crimes de femmes des crimes à part. Souvent passionnels, où l'amour, la sexualité, la jalousie, voire la folie sont des motifs de prédilection.

Réalisé en partenariat avec RetroNews, le site de presse de la Bibliothèque nationale de France, cet ouvrage revient sur quatre grandes affaires qui ont animé la presse entre 1891 et 1934. Toutes ont vu des femmes, parfois nombreuses, sur le banc des accusés. Chacune de ces affaires a fait l'objet d'une véritable narration journalistique : le récit du crime ; l'enquête ; la cavale, parfois ; l'arrestation ; le procès ; le jugement, enfin. Les millions de mots, de pages, de photos et dessins publiés dans la presse depuis plusieurs siècles sont une formidable source pour appréhender les événements tels que les contemporains les ont perçus et exprimés. Et en matière criminelle comme pour le reste, le journalisme retranscrit, agit et interroge. Relire les journaux anciens permet une plongée au plus près des opinions et des préoccupations d'une époque.

Il est donc question ici du crime de Germaine Berton, l'anarchiste qui a voulu venger la mort de Jaurès en 1923. Des affaires Borlet et Nozière également, qui font entrer en 1891 puis en 1934 le lectorat dans l'intimité la plus sordide de deux familles présumées incestueuses. Du cas, enfin, du procès retentissant de l'agence d'avortement des Batignolles en 1891, avec en ligne de mire à la fois la « femme Thomas » (qui procède aux avortements alors illégaux), et l'assemblée de celles qui sont passées entre ses mains et que la justice est parvenue à identifier. Ces quatre grandes affaires offrent chacune un visage de la criminalité féminine tel qu'il a été livré, au moment des faits, à une foule toujours plus nombreuse à lire une presse à grand tirage. Dans un journalisme alors en pleine construction, les journaux aménagent leurs colonnes pour mieux accueillir toutes ces narrations du crime, de la chronique judiciaire aux pages consacrées aux faits divers.

Fort de son succès, le fait divers est appelé à devenir un genre journalistique en soi. Qui plus est un genre particulièrement représentatif de la culture de masse : depuis le plus petit larcin rapporté en quelques lignes à peine jusqu'au crime le plus sanglant, le fait divers captive toute la société, tous les types de lectorat.

> Non seulement la colonne des faits divers fait vendre le journal parce qu'elle est la rubrique la plus lue et la plus

appréciée du périodique, écrit l'historienne Anne-Claude Ambroise-Rendu, mais elle reflète aussi le plus exactement à la fois l'ordinaire de la quotidienneté, et la quotidienneté de l'extraordinaire[1].

Et ainsi, le traitement du crime dans la presse contribue à définir une norme de conduite collective : il dénonce la marginalité de la société tout en fournissant aux masses un modèle de comportement. « La médiatisation fait-diversière s'érige ainsi progressivement en entreprise de moralisation et de normalisation[2]. »

Dans les pages qui suivent, la morale est spécifiquement appliquée aux femmes. La figure de la femme criminelle, spécimen plus exceptionnel encore que son homologue masculin, semble agréger nombre de fantasmes qui relèvent de son sexe. En 1911 se tient à la Sorbonne une conférence du ténor du barreau Henri-Robert consacrée précisément aux « femmes criminelles ». Le journal *Excelsior* retranscrit quelques morceaux choisis de la « brillante causerie de l'éminent avocat » :

> Et si je dois parler des femmes, [...] elles sont assez semblables aux autres. Je veux dire qu'au service du crime, elles mettent des qualités, des défauts, des habiletés, des ruses, un charme qui sont bien à elles, et qu'elles savent d'ailleurs, à l'occasion, employer à notre agrément personnel et même aussi à de grandes choses ! [...] Quand la femme se trouve devant ses juges, comme elle est admirablement femme ! Elle a un art merveilleux de changer les rôles et de déplacer les responsabilités ; ce n'est d'ailleurs pas la spécialité exclusive des femmes qui ont commis un crime[3].

Les stéréotypes sont là. Nombreux, mais pas tout à fait complets encore.

Parce qu'au-delà de la couverture des faits, le traitement médiatique des quatre affaires présentées dans cet ouvrage fait émerger toute l'ambiguïté de représentations forgées par les mœurs contemporaines. Ces femmes criminelles, qui se retrouvent face aux juges et au public qui assiste aux procès, voient peser sur elles le lourd regard de la société de leur temps. Le battement médiatique autour de leurs crimes participe à la définition de ce qu'est la *bonne* moralité féminine ; il interroge également le regard que nous portons aujourd'hui encore sur la criminalité et l'identité de genre – et des clichés dont il est empreint.

Au fil de ces quatre affaires, il est donc question – au-delà du fait divers qui captive – de la place des femmes dans la société, au travers de grands thèmes qui n'ont rien perdu de leur actualité : la figure vengeresse qui mêle féminin et idéologie politique avec Germaine Berton ; une sexualité dérangeante dans l'affaire de Violette Nozière, jeune femme présentée comme « détraquée » et coupable d'un crime contre-nature ; l'indicible sujet de l'inceste imposé à la presse (d'abord par l'affaire Borlet, puis quarante-trois ans plus tard avec Violette Nozière), et qui dessine, par l'infâme, les contours de la bonne famille ; la vision du corps maternel et reproducteur de la femme, repositionné à la frontière du légal, du médical et du sociétal dans le contexte du jugement des « faiseuses d'anges » et de leurs patientes.

Véritable prolongement du podcast RetroNews « Séries noires à la une » sur la presse et le crime lancé en 2021, le présent ouvrage s'est construit à partir de trois épisodes, diffusés au cours des premières saisons, adaptés ici en trois grandes parties, présentant chacune un récit, une analyse et une revue de presse.

Ce premier temps de récit se fait à travers le prisme des archives de presse, afin de mieux saisir comment l'affaire a rythmé le quotidien des lecteurs, et avec quels mots et quelles images elle a été relatée. Nous avons choisi de travailler les trois récits avec la même plume : celle de Michèle Pedinielli, autrice de polars et contributrice régulière de RetroNews. Habituée, donc, à l'exercice si particulier d'une écriture à base d'archives. Avec un ton également qui doit permettre de retrouver le caractère à la limite du fictionnel de chaque affaire, l'essence de ce qui en a fait des feuilletons sur plusieurs mois dans la presse contemporaine. Le deuxième temps, celui de l'analyse, reprend les interventions des invités du podcast. Chercheuses et chercheurs, ils ont tous produit un travail sur les thèmes abordés dans ces pages, sur les affaires retenues ou plus largement sur une histoire de la presse qui permet de recontextualiser, d'éclairer le traitement médiatique des faits. Le dernier temps enfin : chaque partie se conclut sur une revue de presse offrant à lire une sélection d'articles contemporains des affaires. Reproduits en intégralité, ces articles doivent permettre de compléter et de prolonger la réflexion.

Julie DURUFLÉ et Étienne MANCHETTE

PARTIE I

Germaine Berton, l'anarchiste qui a voulu venger Jaurès

CHAPITRE 1

De Léon Daudet à Marius Plateau, un meurtre qui vise l'Action française

Par Michèle Pedinielli

Où est-il ? Il fait froid en cette fin de matinée du 22 janvier 1923. Sur le parvis de Saint-Germain-l'Auxerrois, dans le Ier arrondissement de Paris, une grande jeune femme mince ferme le col de sa gabardine kaki d'une main. L'autre est plongée dans la poche un peu trop lourde de son manteau. À l'intérieur de l'église, on donne la traditionnelle messe en souvenir de Louis XVI, à l'initiative des Comités royalistes de Paris et de la Seine, des comités directeurs de l'Action française et des délégués régionaux de monseigneur le duc d'Orléans. La nef est pleine de tout ce que Paris compte de restes de royauté, de nostalgiques de la monarchie de droit divin et de nationalistes convaincus ou opportunistes. À l'extérieur, la jeune femme s'impatiente un peu.

Elle s'appelle Germaine Berton, elle a vingt ans et l'intention de tuer Léon Daudet. Ce député royaliste de l'Action française, directeur du journal du même nom, se revendique antisémite, antidreyfusard, catholique fervent, contempteur de la République et partisan de la guerre contre l'Allemagne. Il est aussi l'auteur, dans *L'Action française*, de menaces à peine voilées contre

Jean Jaurès quelques jours avant son assassinat le 31 juillet 1914. Paraphrasant l'éditorial du directeur de *L'Humanité* à propos de l'affaire Caillaux, Léon Daudet a écrit alors :

> Nous ne voudrions déterminer personne à l'assassinat politique. Mais que M. Jean Jaurès soit pris de tremblement ! Son article est capable de suggérer à quelque énergumène le désir de résoudre par la méthode expérimentale la question de savoir si rien ne serait changé à « l'ordre invincible » dans le cas où le sort de Gaston Calmette serait subi par Jean Jaurès[1].

Née en 1902, ancienne ouvrière de la métallurgie, proche du journal *Le Libertaire*, Germaine Berton a déjà été condamnée à la prison pour port d'arme prohibé et a reçu un coup de sabre lors d'une manifestation. Elle est anarchiste individualiste, militante antimilitariste et Léon Daudet est l'ennemi.

Mais Léon Daudet n'est pas là. Lorsque les cloches retentissent et que les portes s'ouvrent peu avant midi, la jeune femme fouille des yeux la foule des fidèles qui en sort. Le fils aîné du célèbre écrivain n'a pas assisté à la messe cette année. En revanche, un autre visage détesté apparaît, celui de Charles Maurras. L'homme qui sera reconnu coupable de haute trahison et d'intelligence avec l'ennemi en janvier 1945 – condamné à la réclusion criminelle à perpétuité et à la dégradation nationale – est pour l'heure, avec Daudet, le directeur politique du quotidien *L'Action française.* Ce journal fondé en 1908 revendique un « nationalisme intégral » ; son premier éditorial entend combattre « l'anarchie cosmopolite qui remet à des étrangers de naissance ou de cœur le gouvernement de la France, l'anarchie universitaire qui confie l'éducation des jeunes Français à des maîtres barbares, les uns juifs, d'autres protestants », et se termine au cri de « À bas la République ! Et, pour que vive la France, vive le Roi ! »

Maurras est également le chef incontesté des Camelots du roi, réseau officiel de vendeurs du journal et bras armé officieux du parti. En 1923, les Camelots du roi ont une quinzaine d'années d'existence derrière eux et une série ininterrompue de violences politiques à leur actif. Reconnaissables à leurs cannes plombées, les Camelots s'attaquent avec brutalité à tous leurs adversaires : dreyfusards, anarchistes, « métèques », bolcheviques, juifs, intellectuels de gauche, ouvriers en grève, francs-maçons, républicains ou simplement démocrates... En 1908, l'un de leurs premiers faits d'armes est de perturber chaque mercredi le cours d'histoire du professeur Amédée Thalamas à la Sorbonne, coupable à leurs yeux d'avoir relativisé le rôle de Jeanne d'Arc durant la guerre de Cent Ans. Thalamas est giflé lors de son premier cours et doit s'enfuir devant la violence du groupe. Pendant trois mois, malgré les interventions de la police et les arrestations, les Camelots viennent interrompre sa classe. Leur stratégie culmine le 16 février 1909, où l'attaque est si brutale que le professeur et sa femme sont frappés dans l'amphithéâtre. S'ensuivent des années de violences politiques, car l'idée est de provoquer le trouble pour faire ainsi entendre la cause royaliste jusque dans les tribunaux grâce à la médiatisation de leurs actions. En 1923, ils forment un groupe puissant, soudé autour de leurs chefs Maurice Pujo, Maxime Real del Sarte, Marius Plateau et leur maître à penser, Charles Maurras.

Germaine Berton affirme sa prise sur le revolver Browning qu'elle a glissé dans sa poche quelques heures auparavant. Elle s'avance. Maurras est proche, si proche... Mais il est accompagné par les Camelots qui forment sa garde rapprochée. Impossible de tirer sans se faire immédiatement rattraper.

Elle recule sous le carré d'arbres devant l'église. Que faire maintenant ? Son plan initial ayant échoué, Germaine doute, quitte le parvis et s'égare quelque temps dans les rues de Paris. Au cours de son procès en décembre 1923, elle racontera :

> J'allai dans les rues, sans savoir où. L'enquête a recherché où j'avais déjeuné ce jour-là. Ah ! bien, oui ! Il s'agissait de déjeuner ! Je n'avais pas faim ; par exemple, j'avais très soif. Le sang me battait aux tempes. J'entrai dans un café, demandai une menthe à l'eau et rédigeai ma lettre à Marius Plateau. Puis qu'est-ce que j'ai fait ? Je ne saurais le dire. J'étais fort troublée. J'en ai perdu le souvenir. Cependant quand j'y pense, quelque chose paraissait me guider[2].

Marius Plateau, codirecteur de *L'Action française* et chef des Camelots, est certainement au siège du journal et, dans l'esprit un peu fiévreux de la jeune femme, il lui donnera accès à Léon Daudet. La lettre qu'elle écrit sur une table de bistro est un leurre, comme les précédentes. Car Germaine n'est pas tout à fait inconnue des rédacteurs en chef du quotidien nationaliste. Deux jours plus tôt, le 20 janvier, elle a téléphoné au siège du journal se prétendant dégoûtée par l'anarchie et prête à donner les plans de ses ex-camarades afin de les empêcher de nuire. Elle a obtenu l'adresse personnelle de Léon Daudet mais n'a pas réussi à le voir. On lui a alors conseillé de passer par *L'Action française,* où elle a convenu d'un rendez-vous à 18 heures avec Marius Plateau et Jacques Allard. Germaine Berton s'y est présentée comme une militante écœurée des agissements de ses compagnons, prête à raconter à Léon Daudet tout ce qu'il s'y passe. *L'Action française* n'en croit pas un mot :

> Toutes ces histoires sont assez embrouillées, apportent peu de choses nouvelles ou semblent fantaisistes. Visiblement, ce long discours n'est qu'un prétexte à autre chose. Mais quoi ? Allard et Plateau se le demandent en l'écoutant. Cette femme, pensent-ils un moment, n'est peut-être qu'une malheureuse qui tâche de se faire donner un secours. Comme la visiteuse n'apporte, du reste, aucune pièce à l'appui de ce qu'elle avance, elle promet de revenir avec des documents[3].

C'est donc avec ces « nouveaux documents » qu'elle vient de rédiger sur la table d'un café parisien que Germaine Berton se dirige vers le 14, rue de Rome, siège de *L'Action française,* le 22 janvier. Il est une heure et demie lorsqu'elle est introduite dans le grand salon du journal. Plateau n'est pas encore arrivé, elle l'attend près d'une heure. Lorsqu'il se présente, il la fait entrer dans son cabinet qui jouxte celui des Camelots. La porte se referme sur eux et l'entretien va durer une vingtaine de minutes. De la salle voisine, le ton paraît assez gai, on entend même des éclats de rire. Jusqu'à ce que cinq coups de feu éclatent.

> La porte s'ouvre. Plateau paraît. Il fait quelques pas en disant :
> — J'ai au moins deux balles dans le corps.
> Puis, il s'effondre.
> Cependant, un sixième coup de revolver est encore parti. Germaine Berton, qui a tiré sur elle-même, est étendue dans le cabinet de Plateau[4].

On imagine le bouleversement, les appels et les cris dans les bureaux du journal, les uns se précipitant vers Marius Plateau pour lui prodiguer les premiers secours, les autres se jetant sur Germaine Berton qui n'est que superficiellement blessée au sein gauche. Le chef des Camelots meurt immédiatement après avoir donné l'alerte. L'autopsie, pratiquée par le célèbre docteur Paul (« l'homme aux cent mille autopsies »), montrera que deux balles mortelles l'ont atteint, l'une traversant le cœur et le poumon, l'autre le foie et l'estomac[5]. Germaine Berton est immobilisée au sol en attendant l'arrivée de la police. Lorsque le commissaire Faralicq arrive sur les lieux, la jeune femme, évanouie brièvement, a repris connaissance et lui déclare : « J'ai tiré pour venger Jaurès et Almereyda[6], si je meurs, c'est pour l'anarchie. » Les réponses aux premières questions du commissaire sur place confirment la détermination de la jeune femme. Sur l'origine de son arme, on ne saura rien, mais sur ses intentions bien ancrées, elle se livre sans détour.

D. — Était-ce celui que vous avez tué que vous vouliez atteindre ?
R. — Non, je visais plus haut. J'avais mission de viser plus haut.
D. — Qui ?
R. — Léon Daudet.
D. — Pourquoi ?
R. — Je le considère comme le principal auteur de la guerre qui revient et j'ai voulu venger ceux de mon parti, Almereyda et Jaurès[7].

Elle est transportée à l'hôpital Beaujon où elle sera officiellement interrogée par le juge d'instruction Devise en vue du procès. Pendant ce temps, c'est l'émotion et la rage chez les Camelots du roi, qui partent en bande dans les rues de Paris pour venger leur chef. La première cible est l'imprimerie de *L'Œuvre* (hebdomadaire socialiste et anticlérical à cette époque), dont ils détruisent les deux tiers des linotypes. Puis ils se dirigent vers les locaux de *L'Ère nouvelle*, journal proche du Parti radical, pour en saccager entièrement l'entrée et rouer de coups le permanencier qui s'y trouve seul. Le lendemain, la police perquisitionne les milieux anarchistes de Paris, à la recherche, entre autres, de complices et de l'origine de l'arme, mais sans succès[8]. Le 31 janvier, Germaine Berton est transférée à l'infirmerie de la prison pour femmes de Saint-Lazare. Lorsque son état est jugé satisfaisant, elle est installée en cellule. À l'extérieur, la presse se déchaîne, *L'Action française* en tête. Les unes se succèdent : éditoriaux, promesses de vengeance, « révélations », attaques, contre-attaques...

Léon Daudet est persuadé que l'attentat qui le visait est le fruit d'un vaste complot qui dépasse « la Berton ». Il publie une correspondance entre elle et son ancienne employeuse, Marie Bernain de Ravisi, qui vient de bénéficier d'un non-lieu dans une inculpation d'intelligence avec l'ennemi :

> J'ai sous les yeux les lettres de la Bernain à la Berton, si édifiantes, où apparaît en filigrane la fascination particulière à ces milieux et le « SI VOUS AVEZ EN QUOI QUE CE SOIT BESOIN DE MOI, FAITES-MOI PRÉVENIR », par lequel la Berton affirme sa soumission aveugle à sa « chère marraine »... Puis je revois le corps de Plateau, étendu tout de son long au crépuscule, dans le bureau de la Ligue, au journal[9].

Il rappelle ensuite le suicide de l'anarchiste Gohory, bref compagnon de Germaine Berton, le 8 février, l'assimilant à une preuve de culpabilité évidente, vitupérant contre Joseph Dumas, chef des renseignements de la police, coupable de n'avoir pas perquisitionné chez le jeune homme[10]. Enfin il connecte le geste de la jeune anarchiste au meurtre du chansonnier Antoine Lauff, battu à mort par les Camelots du roi en plein spectacle le 21 janvier, soit la veille du meurtre de Marius Plateau.

Mais lors de chacun de ses interrogatoires chez le juge, Germaine Berton récuse. Elle n'a visé Daudet que parce qu'il était Daudet, chef des royalistes, ennemi du prolétariat et partisan de l'occupation de la Ruhr, et a tué Plateau parce qu'elle a découvert son importance lors de leur entretien :

> Le lundi [...] quand M. Plateau me reçut, je n'avais nullement l'intention de le tuer. L'idée ne m'en vint qu'au cours de la conversation, quand il me parla du service de renseignements et d'espionnage qu'il entretenait dans les milieux que je fréquentais. À un moment donné même, il appela un de ses collaborateurs pour consulter le dossier visant une personne que je venais de nommer.
> À ce moment seulement, je l'affirme, devant la révélation de l'importance du rôle de M. Plateau comme agent d'exécution des Camelots du roi, je me décidai logiquement à me rabattre sur lui[11].

Elle reconnaît également avoir écrit un article intitulé « À bas la France militariste ! » publié le 27 août 1920 dans *Le Réveil d'Indre-et-Loire*, et avoir échangé avec Gohory un fascicule intitulé « De l'acte individuel à l'acte collectif »[12].

Le 18 décembre 1923, son procès s'ouvre. Pas une femme dans le public, on leur a interdit l'accès à l'audience : « Aucune silhouette féminine, cette rigueur n'est que de prudence. Des incidents pourraient se produire, des bousculades peut-être, malgré la perfection d'un service d'ordre étendu jusqu'à la belle grille du Mai[13]. » Il n'y a donc pratiquement que des hommes dans cette salle - hormis trois avocates et la journaliste Séverine, témoin de la défense - lorsque Germaine Berton y fait son entrée. Ceux qui attendaient « la Vierge noire » (ou « rouge », selon les articles), sorcière anarchiste hirsute, en sont pour leur frais. Les journalistes voient arriver une jeune femme mince, au teint clair, les cheveux coiffés « à la Ninon », la coupe à la garçonne de ces années-là. *Le Figaro* écrit :

> Elle s'assied ; les jurés prêtent serment, et d'un mouvement brusque elle arrache son chapeau, enlève son manteau, et on aperçoit un visage jeune et joli, un peu maigre, un peu dur, coiffé de cheveux courts ; elle est vêtue d'un long corsage gris-bleu, orné d'un petit col blanc et plat ; autour du cou une cravate noire dont les deux pans tombent sur la poitrine. Un air théâtral et affecté : une petite femme qui semble jouer les rôles de petites pensionnaires dans les petits théâtres[14].

Elle est scrutée attentivement, des pieds à la tête, et on tâchera de deviner son caractère d'après son physique. Sans surprise, *L'Action française* décèle une propension à la perversion et à la débauche à travers son maquillage « qui ne fait que souligner à travers son visage les marques précoces du vice[15] ». Pour ses amis du *Libertaire,* elle est un exemple de courage :

> Fière et douce elle a affronté résolument la meute. Elle est venue dans cette salle d'assises, remplie soigneusement de tous ses ennemis, de tous les ennemis du Prolétariat qu'elle aime, tout simplement et sans rien renier d'elle-même, rien, depuis le meilleur de son âme courageuse et de son esprit volontaire jusqu'aux faiblesses de son corps de jeune fille tourmentée par la vie brutale des hommes sociaux[16].

TROISIÈME SÉRIE. — VINGT-NEUVIÈME ANNÉE. — N° 2. Le Numéro : 20 Centimes MERCREDI 19 DÉCEMBRE 1923

le libertaire

QUOTIDIEN ANARCHISTE

Administration : PIERRE LENTENTE, 9, Rue Louis-Blanc, PARIS (10e)

A partir de 20 heures : Téléphone Gutenberg 26-55

Rédaction : ANDRÉ COLOMER, 120, Rue Montmartre, PARIS (2e)

ABONNEMENTS

GERMAINE BERTON ACCUSE L'"ACTION FRANÇAISE"

Face à la Meute

Fière et douce elle a affronté la meute.

LES DEBATS

Dans les Couloirs

Avant l'Audience

La Cour !

Germaine entre !

L'Interrogatoire d'identité

L'Appel des Témoins

Un incident

Germaine BERTON

L'Interrogatoire

Les refuges

Digne, élégante, le regard franc. Le portrait de Germaine Berton, qui occupe un quart de la page de une du *Libertaire,* le 19 décembre 1923, fait écho aux premières lignes de l'article : « Fière et douce, elle a affronté la meute. » Source : RetroNews-BnF.

Pendant le procès, qui dure une semaine, Germaine Berton ne dévie pas dans ses explications : elle a voulu tuer Léon Daudet, mais n'en trouvant pas l'occasion, elle a tiré sur Marius Plateau, coupable à ses yeux d'être le chef des Camelots du roi, bras armé d'un parti militariste qu'elle exècre de toutes ses forces.

> Il faut que je vous dise ce que sont les Camelots du roi. Je leur reproche leurs campagnes de presse, leurs articles provocateurs, même antifrançais. Tout ce qu'ils ont écrit contre Malvy et Caillaux. Landau n'était pas traître... Les traîtres sont Maurras et Daudet. Pour préparer la débâcle française et asseoir l'orléanisme sur les ruines de la France tout leur était bon.
> La voix faiblit, elle hésite, puis reprend :
> — Je leur reproche leur campagne contre l'amnistie, leur campagne pour l'occupation de la Ruhr... J'ai pensé que la guerre allait recommencer... Et moi, j'ai vu le militarisme de l'arrière aussi poignant que l'autre... J'ai vu des permissionnaires arriver avec de la boue, et des officiers boire du champagne... Les gradés occupaient tous les trottoirs... Alors l'idée m'est venue de frapper l'ennemi de votre République à vous, messieurs les jurés[17].

Pendant les sept jours d'audience, Germaine Berton occupe les pages des journaux nationaux et régionaux, qui se positionnent chacun selon leur ligne éditoriale. Léon Daudet, très affecté par le suicide de son fils Philippe, jeune anarchiste de quatorze ans, quelques jours avant le début du procès, est persuadé d'un vaste complot à son encontre impliquant tous les rouages de l'État, notamment la police. Pour lui, son enfant a été assassiné, et le geste de Germaine Berton quelques mois plus tôt est relié à cette tragédie. Il a déjà dénoncé la conspiration sur six colonnes à la une :

> Cet assassinat vient après celui de Plateau. Germaine Berton ayant manqué le père, ses complices se sont rabattus sur l'enfant, espérant ainsi m'accabler à la veille du procès de la Berton, qui doit venir le 18 décembre, et où je suis témoin et accusateur. Ce calcul sera déjoué.

Et Léon Daudet de conclure :

> Pour me résumer, nous sommes dans l'alternative. Ou il n'y a plus d'ordre public ou des pouvoirs inconnus (mais à faire connaître) ont provisoirement résolu d'en suspendre les garanties soit pour Léon Daudet, sa famille, ses amis et les familles de ses amis soit, ce qui revient pratiquement au même, pour la Berton et ce qui touche la Berton. En d'autres termes : ou il n'y a plus de police, ou cette police obéit aux assassins de l'Anarchie[18].

Lorsqu'il est appelé à la barre des témoins le deuxième jour du procès, Léon Daudet refuse de répondre aux questions de Me Henry Torrès, l'avocat de la défense, concernant ses appels répétés au meurtre de Jean Jaurès dans les colonnes de son journal, puis son apologie de Raoul Villain, une fois l'assassinat perpétré. Germaine Berton se lève alors :

> C'est vous, Daudet, qui êtes le grand responsable de mon acte, vous, oui, vous qui avez provoqué le meurtre de Jaurès, cette âme de la France généreuse, vous qui avez

armé le bras de Villain. Eh bien, je vous le dis en face, je puis maintenant répondre à la question qu'on m'a posée hier : JE REGRETTE DOULOUREUSEMENT D'AVOIR TUÉ MARIUS PLATEAU À VOTRE PLACE[19] !

« Monsieur Daudet, je regrette douloureusement d'avoir tué M. Plateau à votre place. »

Germaine Berton, croquée au deuxième jour de son procès, dans la grande tradition des croquis d'audience qui contribuent à rendre familiers les visages des criminels auprès du lectorat. *Le Petit Journal*, 20 décembre 1923. Source : RetroNews-BnF.

Le dernier jour du procès, la plaidoirie de Me Campinchi, avocat de la partie civile, dépeint une accusée « paresseuse, violente, de fréquentation des plus louches » qui, en vertu d'« un système d'assassinat », a tué sans remords un héros de guerre qui doit être vengé. L'avocat général, Sens-Olive, demande qu'elle soit reconnue coupable, en accordant les circonstances atténuantes. Quant à Me Torrès, il demande l'acquittement : « Acquittez-la pour tout ce qu'elle représente d'abandon d'elle-même et de misère, acquittez-la comme vous aviez acquitté Villain. Paix pour tous. Il faut que celle-ci aille rejoindre Villain dans l'oubli et dans l'apaisement[20]. »

Après vingt-cinq minutes de délibération, le jury se range aux conclusions d'Henry Torrès et prononce l'acquittement. Germaine Berton ressort libre du tribunal. Mais contrairement aux vœux de son avocat, elle ne va pas tomber immédiatement dans l'oubli. Dès le mois d'avril 1924, *Le Libertaire* annonce une tournée de conférences politiques en France où elle intervient en compagnie de Jules Chazoff, secrétaire général du journal. Le 22 mai, des bagarres sanglantes éclatent entre anarchistes et forces de l'ordre devant le cinéma où sa conférence a été annulée. Germaine Berton à leur tête, 1 500 anarchistes affrontent la police jusqu'à 2 heures du matin. Elle est à nouveau arrêtée et condamnée cette fois à 100 francs d'amende et quatre mois de prison, qu'elle effectue au fort du Hâ à Bordeaux - après plusieurs jours de grève de la faim[21].

Graciée par décret le 16 août[22], la jeune femme retourne à Paris. Cette amnistie déclenche une nouvelle agitation médiatique à droite comme à gauche. Celle-ci culmine

LE PLUS ANCIEN, LE PLUS PARISIEN, LE PLUS RÉPANDU DES JOURNAUX DU SOIR

LA PRESSE

Lundi 24 Décembre 1923

Bon d'Insertion

L'AFFAIRE GERMAINE BERTON : LE VERDICT

On est sans Nouvelles du « Dixmude »

Le Procès de Germaine Berton

Mᵉ Henry Torrès présente la défense de l'accusée

Le Réveillon sera franco-anglo-américain

La Plaidoirie de Mᵉ Campinchi

Le Réquisitoire

Mᵉ Henry Torrès demande l'Acquittement

LE VERDICT

Le Conseil municipal propose des Mesures contre la Vie chère

A huit Jours d'Intervalle

Pharmacien cambriolé

Un Sadique larde les Femmes de Coups de Couteau

M. Von Hœsch chez M. Poincaré

Pas de Violons ?

Montmartre aux Artistes

Petites Informations Parisiennes

La Presse rapporte en une la dernière audience de l'affaire Berton, avec ses trois protagonistes : Mᵉ Campinchi, avocat de la partie civile, Mᵉ Torrès, avocat de la défense, et Germaine Berton. « Après 25 minutes de délibérations, le jury rapporte un verdict d'acquittement. » *La Presse*, 24 décembre 1923. Source : RetroNews-BnF.

le 2 novembre 1924 : la veille, Germaine Berton a tenté de se suicider, comme le rapporte *Le Petit Provençal* :

> À 13 h 50, en l'église Notre-Dame-de-Lourdes, à Belleville, le sacristain découvrit une femme étendue sur les dalles de l'église et qui râlait. Transportée à l'hôpital Tenon, cette femme, qui avait tenté de s'empoisonner, a reçu immédiatement des soins. Elle n'est autre que Germaine Berton, qui, on s'en souvient, tua Marius Plateau, secrétaire général de la Ligue d'Action Française dans les circonstances que l'on connaît.
> Le commissaire de Belleville s'est transporté à son chevet[23].

La tempête se déchaîne lorsque le contenu d'une lettre expédiée peu avant son geste est révélé au grand public. Une lettre à destination de Mme Daudet, mère de Léon et grand-mère de Philippe, dans laquelle elle affirme son amour pour le jeune homme mort un an plus tôt :

> Je vais mourir, madame, comme Philippe est mort... Et je ne me sens pas coupable d'avoir serré dans mes bras l'adolescent dont j'ignorais alors l'âge exact... et le nom de famille. Pardonnez-moi donc, madame, car si Philippe est mort pour moi, je me tue pour lui maintenant[24].

Le coup de tonnerre retentit dans chaque rédaction : qui savait que Germaine Berton avait rencontré Philippe Daudet, fils de son ennemi juré et, qui plus est, en était tombée amoureuse ? L'histoire pourrait relancer l'enquête sur la mort du jeune homme, dont son père clame sans cesse qu'il a été assassiné... Immédiatement, *L'Action française* s'empresse de publier un démenti cinglant, dénonçant une « invention aussi puérile qu'ignoble » :

> La Berton a été arrêtée le 22 janvier 1923, jour de l'assassinat de Plateau. Elle n'est sortie de prison que onze mois plus tard, le 24 décembre de la même année, jour de son scandaleux acquittement. Or Philippe a été assassiné le 24 novembre, soit un mois avant la libération de la Berton. Il faudrait donc supposer que la Berton aurait été la maîtresse de Philippe avant l'assassinat de Plateau, avant qu'il fût question d'elle et alors que Philippe avait tout juste treize ans ! N'insistons pas[25] !

Germaine Berton maintiendra la version de sa rencontre dans la librairie anarchiste de Pierre Le Flaouter et de la « douce affection » qui les a étreints, mais ses propres camarades, à l'instar d'André Colomer, ancien secrétaire général du *Libertaire*, en doutent ouvertement. Même s'il révèle qu'elle portait toujours sur elle un médaillon contenant « deux photos [de Philippe Daudet] découpées dans des journaux et rehaussées au crayon », il affirme qu'ils ne s'étaient jamais rencontrés :

> Elle ne le connaissait pas. L'eût-elle initié à l'anarchie que nous l'aurions su et dit. Je croirais plutôt à une sorte de tendresse mystique pour le malheureux jeune homme. Depuis quelque temps, elle se livrait au spiritisme. En tout cas, à mon sens, il ne faut établir aucune corrélation entre les tentatives de suicide de Taupin et de Germaine. Celui-là a voulu se suicider par amour pour elle. Elle, surtout, par lassitude, par tristesse, par dégoût[26].

Puis il avance une autre explication qui se résume en une seule phrase saisie au vol, « J'étais seule, si seule... » :

> La solitude pesait à Germaine. Après sa dernière détention au fort du Hâ, elle subit une crise de dépression qui s'aggrava d'isolement sentimental. Elle se plaignait de rencontrer beaucoup d'amis, mais jamais un « compagnon ». Il y a dix jours, elle vint me trouver et me dit : « Je veux en finir. Je vous laisserai une lettre dans laquelle j'expliquerai pourquoi je m'en vais[27]. »

Peu après cette tentative de suicide, Germaine Berton quitte l'Union anarchiste et le militantisme politique. L'effervescence médiatique retombe définitivement. Elle se marie une première fois en 1925 avec Paul Burger, un artiste peintre, puis le quitte dix ans plus tard pour vivre avec René Coillot, un imprimeur.

Le 4 juillet 1942, elle a quarante ans et elle absorbe une dose massive de Véronal. Elle meurt à l'hôpital Boucicaut où elle a été transportée. Quelques entrefilets dans la presse collaborationniste annoncent son décès. Seul *Le Matin* relève une dernière coïncidence : Germaine Berton est morte le jour même des obsèques de son ennemi juré, Léon Daudet, qui, deux jours plus tôt, a succombé à une hémorragie cérébrale[28].

CHAPITRE 2

La figure de Germaine Berton dans la presse

Par Fanny Bugnon et Christian Delporte

Germaine Berton, profil d'une femme criminelle à contre-courant

De façon archétypale, Germaine Berton apparaît à rebours de l'économie générale de la criminalité classique, et notamment de la criminalité féminine. Cette femme qui a commis, en France, un assassinat politique est d'ailleurs présentée comme une « nouveauté » par la presse, notamment *Le Petit Parisien* :

> Un crime célèbre, une femme, une jeune fille de vingt ans au banc des accusés et non pas pour un de ces crimes passionnels qui arment de couteaux ou de revolvers de jolies mains trop promptes, mais pour un crime politique, un crime d'idée, voilà du nouveau, n'est-ce pas[1] ?

En réalité, les crimes de jeunes femmes n'ont rien de nouveau : on est face à un déni d'antériorité, renforcé ici parce que le crime repose sur des motivations politiques[2]. Malgré son jeune âge, la trajectoire de Germaine Berton suffit à la rattacher aux classes dangereuses dont elle présente les caractéristiques de mobilité et de précarité, et qui nourrissent nombre de fantasmes médiatiques[3]. Née à Puteaux d'une mère institutrice catholique et d'un père ouvrier socialiste, dont les engagements syndicaux l'ont profondément marquée, dira-t-elle, elle passe son enfance à Tours, puis monte seule à Paris à l'âge de dix-huit ans. Elle est alors en rupture familiale : son père est décédé et ses relations avec sa mère sont difficiles. Elle fréquente les milieux anarchistes individualistes, une nébuleuse qui diffère des anarchistes de la Belle Époque (la bande à Bonnot et autres adeptes de la propagande par le fait) : ces anarchistes ont une démarche plus affinitaire, visant à inscrire leurs idées dans l'expérience du quotidien et l'émaillant parfois d'illégalismes. Germaine Berton gravite alors autour du *Libertaire*, un journal politique dont la rédaction est basée dans le XVIIIe arrondissement de Paris.

La cible : l'Action française

Marius Plateau est, depuis 1918, le secrétaire général de la Ligue d'Action française, organisation monarchiste créée en 1905 au lendemain de l'affaire Dreyfus sur les décombres des ligues nationalistes et antisémites. Il est aussi, en 1908, le fondateur des Camelots du roi. Ce mouvement est, à l'origine, constitué de militants chargés d'ameuter la foule dans la rue et de lui vendre ses publications, ce qui explique leur nom. Les Camelots se transforment peu à peu en groupes qui font le coup de poing, munis de leur célèbre canne – arme discrète mais ô combien efficace - contre les militants anarchistes ou socialistes.

En 1923, la Ligue compte moins de 30 000 membres, mais sa force vient de son journal, *L'Action française*. La figure tutélaire du mouvement, Charles Maurras, s'y exprime dans chaque numéro : il défend le « nationalisme intégral », pensée antirépublicaine, antidémocratique, qui rejette les acquis de la Révolution française et prône l'attachement au catholicisme et le retour à la monarchie. Même si le quotidien est en perte de vitesse au début des années 1920, avec un tirage qui passe au-dessous des 50 000 exemplaires, son influence est réelle : il rayonne dans une partie de l'intelligentsia parisienne et singulièrement auprès des étudiants qui, issus de la bonne bourgeoisie catholique, trouvent le conservatisme de droite trop tiède. Au sein de la « Chambre bleu horizon », ils disposent d'une trentaine de députés - dont le célèbre polémiste du journal *L'Action française*, Léon Daudet.

Si l'affaire Germaine Berton se déroule au sein même du journal, le crime n'est cependant jamais ressenti comme une agression contre la presse. Tous les journalistes soulignent sa dimension politique : au-delà de la personne de Marius Plateau, c'est bien à la Ligue d'Action française que Germaine Berton s'en est prise.

Lorsque les Camelots du roi décident de se venger, ils n'en saccagent pas moins les sièges et les imprimeries de journaux de gauche (*L'Œuvre*, *L'Ère nouvelle*, *Bonsoir*), et attaquent la liberté d'expression. Certes, l'anarchiste Germaine Berton est très éloignée de ces journaux radicaux, bien trop modérés à ses yeux. Mais *L'Action française* désigne là son ennemie, cette gauche laïque qu'elle exècre et qui pourrait bien revenir au pouvoir en 1924...

Quand l'affaire Germaine Berton fait vendre du papier

Posons un principe de presse : un bon fait divers, c'est une vente assurée. L'affaire Germaine Berton, comme tout bon fait divers, est largement exploitée par une presse française qui, en 1923, connaît une concurrence exacerbée. Les journaux ont traversé, au lendemain de la Grande Guerre, une crise économique et financière dont beaucoup ne se sont pas relevés. Alors que Paris comptait 80 quotidiens en 1914, il en reste, neuf ans plus tard, à peine plus de 30. À ces facteurs conjoncturels s'ajoute une raison plus structurelle, qui touche particulièrement les quotidiens d'information : la période faste de conquête du lectorat qui, pendant plusieurs décennies, avait permis à tous de se faire une place - y compris les nouveaux titres - est révolue. La lecture d'un quotidien étant devenue universelle, les journaux n'ont, pour survivre, d'autre choix que de chercher à conquérir le lectorat du voisin. Pour y parvenir, tous les moyens sont bons : il faut trouver des formules nouvelles, savoir appâter le chaland, jouer sur les émotions, exploiter le sensationnalisme de l'information, notamment en utilisant la recette - qui a fait ses preuves - du fait divers, un genre populaire majeur. Les journaux « sérieux » avaient d'abord méprisé le genre ; tous ont fini par céder, tant le fait divers plaît au public - à tout type de public. Même *L'Humanité* et *L'Action française*, initialement réticentes, se sont finalement pliées au diktat du fait divers, qui aura, à compter de 1928, un nouveau magazine lui étant entièrement dédié : *Détective*.

Même si elle a la particularité d'être un crime politique, l'affaire Germaine Berton répond, dans la presse, aux normes du fait divers qui se termine toujours, comme dans les fables, par une leçon de morale. Simplement, celle-ci est ici plus « politique » : républicaine ou antirépublicaine, laïque ou catholique, révolutionnaire ou conservatrice, etc. Après le fait divers, vient le procès, le moment où l'on exhibe le « monstre » à la une de tous les journaux. Le traitement par la presse se conforme ici encore aux règles du genre : sauf exception, aucun journal ne peut justifier le crime.

Des affrontements partisans autour du crime

L'affaire Germaine Berton se déroule tout au long de l'année 1923 : l'assassinat de Marius Plateau a lieu à Paris le 22 janvier ; le procès se déroule devant la cour d'assises de la Seine au mois de décembre. Cette année-là, l'affaire dépasse largement le périmètre plutôt réduit des camps politiques auxquels appartiennent la victime et l'accusée. Dès son arrestation et parce qu'elle est femme, le geste de Germaine Berton est immédiatement considéré comme un crime politique et largement médiatisé. Ce fort retentissement contribue à transformer cette affaire criminelle en « un événement suivi, parce que lisible et visible, par tous », comme l'analyse Anne-Emmanuelle Demartini au sujet d'un autre crime très médiatisé dix ans plus tard, celui de Violette Nozière : « En somme le crime extraordinaire était inscrit dans les conditions culturelles de la Troisième République, où des pratiques socioculturelles de masse, dont la consommation de la presse, se déployaient[4]. »

Dans un double mouvement, la médiatisation nourrit la politisation de l'affaire et apporte dans le même temps à la jeune femme, qui se revendique de l'anarchisme, des soutiens très larges, bien au-delà des cercles anarchistes eux-mêmes, dont l'audience reste marginale. C'est un large camp républicain qui soutient Germaine Berton, non par adhésion à son geste ou à ses idées, mais par hostilité aux idées et pratiques de l'Action française. De ce point de vue, le crime de Germaine Berton concentre tous les ingrédients nécessaires pour qu'il soit érigé en affaire dont l'audience dépasse largement les seuls faits incriminés.

Dès le début, Germaine Berton revendique son crime. Au cours de l'enquête, elle explique les motivations de son geste. Elle raconte les conditions dans lesquelles elle a abattu Marius Plateau après avoir dans un premier temps cherché à atteindre, sans succès, les deux figures tutélaires que sont Léon Daudet et Charles Maurras. Elle présente son acte à la fois comme une vengeance de la mort de Jean Jaurès dont l'assassin - le militant nationaliste Raoul Villain - a été acquitté en 1919, et une dénonciation de l'occupation de la Ruhr par l'armée française.

Alors qu'elle-même l'assume pleinement, la responsabilité de Germaine Berton ne cesse d'être débattue tout au long de l'instruction et plus encore au moment du procès. Deux camps s'opposent frontalement. Du côté de l'Action française, on considère que Germaine Berton a été manipulée par une « conjuration germano-révolutionnaire[5] ». Il s'agirait d'un complot « des germano-bolchevistes contre l'action de la France en Allemagne », des « agents de l'Allemagne, des Soviets et de la finance internationale[6] », dont Germaine Berton n'aurait été qu'un élément d'exécution. Du côté des anarchistes, mais aussi plus largement pour le camp républicain, l'origine du crime reviendrait à l'Action française en raison du climat de violence et d'agitation entretenu par le mouvement royaliste. Le parallèle avec l'assassin de Jaurès est également mobilisé : comme Raoul Villain, Germaine Berton a tué au nom d'une cause qui dépasse sa seule initiative individuelle, et se trouve prise dans de puissants enjeux politiques. Ses partisans le clament haut et fort :

> Avec elle, nous ferons le procès de l'Action française et du Parti royaliste, et nous établirons la liste de leurs méfaits perpétrés depuis quelque dix ans [...]. Quand Villain tua Jaurès, vous n'osâtes point le revendiquer après pourtant lui avoir armé le bras. Nous revendiquons, nous, l'héroïque Germaine Berton et pourtant ce n'est pas nous qui l'avons dressée contre vous, ce sont vos infâmes agissements[7].

Dans cette perspective, Germaine Berton apparaît en somme comme une sorte de martyre de la paix et de la République – ce qui, pour une anarchiste, est assez paradoxal. *Le Libertaire* dresse avec lyrisme le tableau de cette martyre :

> La laisserons-nous mourir ? Ma sœur de misère... Dès que tu as su voir les choses et que ton âme est devenue claire, ton lot à toi a été de ne pouvoir contempler que les laideurs qui font du monde un effroyable cloaque. Le destin t'avait faite femme. D'aucuns diront que tu étais normalement née pour ce qui donne le bonheur de vivre. [...] Au milieu de la géhenne, transfigurée par la Foi, tu te penchais vers la Grande Douleur humaine, et, attentive, tu écoutais la plainte angoissante qui t'arrivait de tous les points de la terre.
> À travers les espaces, tu avais l'intuition qu'émergeant du fleuve immonde alimenté par le sang des martyrs, des mains suppliantes se tendaient vers toi...
> Soudain, poussée par une force invincible, tu as crié aux esclaves que l'heure de la Révolte était enfin venue.
> Les hommes étaient lâches, et ils se sont bouché les oreilles pour ne plus t'entendre...
> Tu as vingt ans, et, en hochant la tête d'un air résigné, il y a des gens qui disent que la vie est finie pour toi[8].

La dépolitisation du crime

Parce qu'elle est une jeune femme qui tue, Germaine Berton transgresse non seulement les normes pénales mais également les normes de genre qui sont celles de la France des années 1920. Cette transgression est d'autant plus forte que Germaine Berton revendique un crime politique alors que les Françaises demeurent, au même moment, exclues de la citoyenneté politique. Dans la lecture du crime, ces normes de genre transcendent les clivages partisans traditionnels et tendent à éclipser la parole même de Germaine Berton. Dans une surprenante convergence, soutiens et détracteurs de la jeune femme convoquent des stéréotypes qui visent à déresponsabiliser et, surtout, à naturaliser le geste d'une criminelle doublement mineure : au regard de son âge - elle a tout juste vingt ans - et parce qu'elle est femme.

Pour ses partisans, qui vont au-delà des anarchistes, elle est « une gosse de vingt ans[9] », « une noble jeune fille blâmable et émouvante[10] », orpheline de père et en rupture avec sa mère. Séverine - l'une des rares femmes journalistes reconnues dans le milieu très masculin de la presse, très remarquée pour ses engagements dreyfusards et féministes -, qui vient témoigner à l'audience en faveur de l'accusée, souligne elle-même les carences maternelles pour expliquer la trajectoire de Germaine Berton. *Le Rappel* la cite dans ses colonnes :

> Aux termes d'une adjuration particulièrement émouvante, Mme Séverine a sollicité l'indulgence du jury en faveur de Germaine Berton.
> — Plusieurs fois, au cours de ce procès, dit-elle, on a évoqué une grande figure historique, celle de Charlotte Corday, qui paya de sa vie la mort de Marat. Mais depuis, combien de tyrans ont été abattus aux applaudissements de leurs contemporains ! Moi qui n'ai jamais fait de mal à personne, moi aussi, quand j'avais vingt ans, j'ai souvent rêvé d'imiter à mon tour celle qu'on a appelée « l'ange de l'assassinat ». Oui..., mais moi, quelle excuse aurais-je pu invoquer. J'avais encore des parents, toute une famille qui m'aimait, je n'ai jamais souffert d'un abandon, j'étais une heureuse, moi, et je n'avais aucun droit à la révolte. Germaine Berton n'a pas trouvé d'affection dans sa famille

et, de bonne heure, elle a été abandonnée par sa mère. Où est-elle cette mère[11] ?

Si on lui reconnaît des motivations politiques, Germaine Berton est aussi présentée, y compris par son avocat, comme une jeune femme immature et dépassée par son geste. Me Henry Torrès, célèbre pénaliste, connu pour ses engagements socialistes - et un temps membre du parti communiste et journaliste à *L'Humanité* avant son exclusion du parti en janvier 1923 -, construit sa défense sur cette ligne, malgré les propos réitérés de revendication du crime par sa cliente : « Elle est quand même une enfant de vingt ans, et depuis, souvent, est apparue la jeune fille avec ses naïvetés et ses élans sous la justicière impitoyable[12] », déclare-t-il dans les colonnes du *Libertaire* au premier jour du procès.

Du côté de ses détracteurs et des parties civiles, d'autres stéréotypes dépolitisants sont mobilisés, cette fois sur le mode de la stigmatisation d'une femme dont la moralité est mise en cause. Le procédé est, là encore, classique. Le crime de Germaine Berton est présenté comme la conséquence d'un engagement politique doublé d'une errance morale et d'une débauche sexuelle. Elle aurait eu de multiples partenaires, hommes comme femmes, et aurait avorté : « C'est une fille malpropre au moral et au physique [...]. Elle se vante de ses coucheries à deux, parfois même à trois ; elle parle comme d'une chose toute naturelle de s'être fait avorter[13] », dénonce Me Campinchi, l'un des avocats des parties civiles.

Faire état de la moralité d'un ou une accusée n'a rien d'original dans l'arène judiciaire. Mais dans le contexte du début des années 1920, marqué par une réaffirmation d'un ordre moral et sexuel conservateur[14], moralité et sexualité sont convoquées à la lumière du premier conflit mondial. Dans une France hantée par le spectre de la dénatalité, vue à la fois comme une conséquence mais aussi une cause de la vulnérabilité militaire française, la sexualité hors du cadre conjugal est présentée comme une forme de débauche, *a fortiori* si elle est dissociée d'une grossesse. De ce point de vue, Germaine Berton est, en dépit de sa jeunesse, jugée déviante. Elle l'est d'autant plus que planent sur elle des soupçons d'avortement : la pratique est au cœur du renforcement législatif visant à accroître la répression des « manœuvres abortives » et la « propagande anticonceptionnelle », relayée clandestinement par, entre autres, des militants anarchistes, socialistes, pacifistes et/ou des féministes radicales. De ce point de vue, la revendication de crime politique de Germaine Berton se trouve éclipsée par des arguments moraux.

Le verdict, rendu le 24 décembre 1923, atténue lui aussi ce caractère politique. En acquittant l'accusée, la cour d'assises fait le choix de l'apaisement, auquel le plaidoyer de Me Torrès l'avait incitée : « Vous acquitterez Germaine Berton, que je ne glorifie pas : nulle gloire pour le sang versé. Vous l'acquitterez, pour qu'elle aille rejoindre Villain dans l'oubli et dans l'apaisement[15] ! » Ce faisant, Germaine Berton est dépossédée en partie de son geste. Pour l'Action française, cet acquittement est une infamie, la preuve que la République est complice et la justice dévoyée. Du côté des soutiens de Germaine Berton, le soulagement domine, et son acquittement est considéré comme une forme de réparation après celui de l'assassin de Jaurès. En revanche, la presse ne se fait pas l'écho de la réaction de l'accusée : on ignore quel regard elle porta sur son propre acquittement.

Germaine Berton dans les oubliettes de l'histoire

Le verdict renvoie durablement Germaine Berton dans l'ombre. Dans les mois qui suivent son procès, elle est invitée par des groupes anarchistes à donner quelques conférences, parfois émaillées d'incidents avec la police, comme à Bordeaux en mai 1924 où elle est arrêtée et doit répondre devant la justice « de délit d'outrages à agents et de port d'armes prohibé[16] ». Après cette courte séquence, elle disparaît à la fois des colonnes des journaux et des archives de surveillance. Sa santé mentale semble vacillante, et plusieurs tentatives de suicide lui sont prêtées.

Malgré cette mise en retrait, son nom ne disparaît pas complètement : Germaine Berton est en effet célébrée en décembre 1924 dans le premier numéro de *La Révolution surréaliste*. Son portrait figure ainsi en pleine page, au centre de ceux de surréalistes, seule femme parmi des hommes. Elle est également célébrée par Louis Aragon qui dénonce l'effet pervers de son acquittement. Dans ce véritable hymne à la révolte, il affirme se « prosterner simplement devant cette femme *en tout admirable* qui est le plus grand défi que je connaisse à l'esclavage, la plus belle protestation élevée à la face du monde contre le mensonge hideux du bonheur[17] ».

Pour comprendre cet effacement, il faut souligner le cumul de facteurs de minorisation : Germaine Berton est jeune, elle est femme et elle est anarchiste. Si la revendication de son geste lui a valu un large soutien, bien au-delà de son camp politique, c'est essentiellement par opposition à l'Action française. En outre, elle incarne une forme de modernité féminine déroutante, et se trouve assimilée aux garçonnes alors qu'elle ne s'en revendique pas. Son apparence physique suscite de nombreux commentaires : elle porte les cheveux en carré court, « à la Ninon », et une lavallière, large cravate unisexe, comme en témoignent les quelques photographies et surtout les nombreux croquis d'audience réalisés par l'avocat Louis Hanny[18]. « Fantasme des Années folles[19] », la garçonne nourrit les craintes d'un dérèglement des sexes et des mœurs à la faveur de l'appropriation par des femmes de codes et de pratiques masculines. Qualifiée de « Vierge noire » par ses détracteurs, Germaine Berton est ainsi inscrite au panthéon des femmes déviantes, d'autant plus inquiétante qu'elle revendique un crime politique qu'elle a commis seule.

Cette posture trouble jusque dans les rangs de ses soutiens qui, à l'exception des surréalistes, se réjouiront de son acquittement et participeront à son oubli, révélateur de la subversion des normes pénales et plus encore des normes de genre qu'a incarnée Germaine Berton en 1923. L'acquittement peut être lu comme un renvoi en dehors du politique, comme le souligne Michelle Perrot : « Le crime, le délit sont affaires d'hommes, actes virils commis dans la jungle des villes [...]. Cette indulgence, au fond, n'est-elle pas suspecte ? Refuser à la femme sa stature criminelle, n'est-ce pas encore une façon de la nier[20] ? »

CHAPITRE 3

Anatomie d'un crime politique : revue de presse

Par Alice TILLIER-CHEVALLIER

Le récit au lendemain du crime

Le 23 janvier 1923, au lendemain de l'assassinat de Marius Plateau, Le Petit Parisien *livre un récit circonstancié des événements : de « la genèse du drame » - une première visite de Germaine Berton au domicile de Léon Daudet, puis à la rédaction de* L'Action française *- à « la scène tragique », marquée par « des éclats de rire stridents » suivis de cinq détonations (dont une contre elle-même) et, enfin, l'interrogatoire, conduit sur les lieux mêmes du crime, puis à l'hôpital où elle a été transportée.*

« Si je meurs, [...], vous direz à mes camarades du parti que j'ai fait mon devoir », déclare d'entrée de jeu la jeune anarchiste. Elle avoue en revanche n'avoir eu aucun complice et avoir hésité « jusqu'au dernier moment » : « Je ne me suis décidée qu'à l'instant où [Marius Plateau] allait ouvrir la porte de son bureau et me tournait le dos. »

Un drame à l'« Action française »
M. Marius Plateau
secrétaire général de la Ligue d'Action française
tué à coups de revolver par une jeune anarchiste

–

M. Marius Plateau, secrétaire général de la Ligue d'Action française, tué à coups de revolver par une jeune anarchiste. La meurtrière tente de se donner la mort. Dans la journée, elle avait en vain essayé d'approcher M. Léon Daudet puis M. Charles Maurras.

–

La meurtrière tente de se donner la mort

Dans la journée, elle avait en vain essayé d'approcher M. Léon Daudet puis M. Charles Maurras.

Un drame navrant est venu jeter hier la consternation parmi nos collaborateurs de *L'Action française*, dont les bureaux sont installés 12, rue de Rome. M. Marius Plateau, secrétaire général de la Ligue d'Action française et des « Camelots du roi » a été assassiné par une jeune anarchiste qui a tenté de se suicider.

La genèse du drame

Samedi dernier, vers midi, une toute jeune femme, petite, noiraude, aux cheveux coupés court, au visage émacié, aux grands yeux caves, se présentait au domicile de M. Léon Daudet, rue Saint-Guillaume. Après avoir indiqué qu'elle était étudiante, se nommait Germaine Berton et était déléguée du Comité communiste de défense des marins, elle insista pour être reçue par le député de Paris, annonçant qu'elle avait à lui faire de graves révélations. Un domestique lui répondit que M. Daudet ne recevait jamais chez lui, mais qu'elle pourrait le voir, dans la soirée, à *L'Action française*.

Vers 6 heures, après avoir téléphoné au journal, elle arriva rue de Rome.

Elle fit passer à M. Jacques Allard, secrétaire de la rédaction, une très longue lettre où elle exposait sa carrière d'anarchiste militante, et relatait ses arrestations. Elle offrait de donner des détails importants sur le parti anarchiste, sous prétexte de se venger d'une exclusion. Après avoir parcouru le factum, M. Allard s'en fut le montrer à M. Marius Plateau. Tous deux convinrent de recevoir Germaine Berton dans un petit bureau du second étage. Elle commenta alors sa lettre, racontant que les anarchistes préparaient un « coup », qu'ils disposaient de deux mitrailleuses et possédaient dans la cave du *Libertaire* un approvisionnement important de grenades.

Elle partit ensuite, en promettant de revenir avec des documents probants. MM. Allard et Plateau pensèrent qu'il s'agissait d'une besogneuse qui cherchait surtout à obtenir un secours d'argent et attendirent.

La scène tragique

Elle revint hier après-midi, vers 1 h 30, et se présenta au premier étage de l'immeuble occupé par *L'Action française*. Reçue par un garçon de bureau, elle demanda à voir M. Plateau. Comme il était absent, on la pria d'attendre dans un salon. Elle remit au garçon une nouvelle lettre adressée au secrétaire général de la Ligue d'Action française.

L'attente fut longue ; mais Germaine Berton ne se lassa pas. Quand, vers 3 heures, M. Plateau arriva au journal, il pria qu'on introduisît la jeune femme dans son bureau du premier étage. On y accédait en passant par une salle réservée aux « Camelots du roi » où se trouvaient à ce moment un secrétaire de la ligue, M. Berger, et plusieurs personnes.

Ceux-ci entendirent assez nettement la conversation ; Germaine Berton, à plusieurs reprises, eut des éclats de rire stridents.

Puis, au bout de vingt minutes, tous sursautèrent. Quatre détonations venaient de retentir.

Au moment où M. Plateau, reconduisant Germaine Berton, se tenait debout devant elle, pour lui ouvrir la porte, l'anarchiste venait de lui tirer lâchement, dans le dos, des coups de revolver.

M. Plateau eut la force de traverser la salle des « Camelots » et de se précipiter vers un couloir en criant :

— J'ai au moins deux balles dans le corps.

Puis, il tomba comme une masse. On se précipita. Tous les soins étaient inutiles : M. Plateau rendit le dernier soupir au bout de quelques secondes.

Pendant cette scène tragique autant que rapide, un cinquième coup de feu avait été tiré. Germaine Berton, appuyée au chambranle de la porte du bureau de M. Plateau, qu'elle n'avait pas quitté, avait tenté de se suicider d'une balle au sein gauche.

Elle avait encore à la main un browning de petit calibre.

— Ne m'approchez pas, dit-elle à ceux qui accouraient vers elle. Je souffre ! Je souffre !

On la désarma cependant. On la fit asseoir sur la chaise qu'elle venait de quitter et on referma à clef.

M. Torlet, avisé immédiatement, accourut rue de Rome.

Des agents transportèrent le cadavre de M. Marius Plateau dans un des bureaux, où bientôt se trouvèrent réunis MM. Scherdlin, procureur de la République ; Devise, juge d'instruction ; Chartron, substitut ; Ducrocq, directeur de la police judiciaire ; Dumas, directeur du service des renseignements généraux ; Faralicq, commissaire de police judiciaire et le docteur Paul, médecin légiste.

L'interrogatoire de la meurtrière

Et, après de rapides constatations, l'interrogatoire de Germaine Berton, remise d'une syncope de quelques instants, commença.

> Si je meurs, déclara-t-elle dès l'abord, vous direz à mes camarades du parti que j'ai fait mon devoir.

Et elle ajouta après avoir décliné son identité :

> Je n'ai pas de domicile et ne travaille pas. Ce sont les « camarades » qui me font vivre.

Elle raconta ensuite qu'elle voulait atteindre M. Léon Daudet.

> Ce matin, à Saint-Germain-l'Auxerrois, au service pour le repos de l'âme de Louis XVI, j'ai cherché en vain M. Daudet.

> Je ne l'ai pas aperçu. En revanche, je me trouvais près de M. Maurras. J'ai voulu tirer sur lui, mais il était très entouré et j'ai craint de ne pas le tuer à coup sûr, de blesser des gens auxquels je n'avais aucune raison d'en vouloir.
> C'est alors seulement que j'ai décidé de tirer sur M. Plateau. Jusqu'au dernier moment, j'ai hésité. Et je ne me suis décidée qu'à l'instant où il allait ouvrir la porte de son bureau et me tournait le dos. Je n'ai pas de complices. C'est un ami qui m'a remis, il y a longtemps, le pistolet dont je me suis servie.

Épuisée par cet effort, Germaine Berton s'évanouit à nouveau. On décida de la transporter aussitôt à l'hôpital Beaujon, où les magistrats reprirent son interrogatoire. Elle refusa tout d'abord de répondre, affirmant rageusement qu'elle ne voulait pas même faire choix d'un avocat.

Puis elle se ravisa soudain et parla, tandis que le docteur Paul lui tenait le pouls :

> Depuis longtemps je cherchais à tuer M. Daudet, car j'estime qu'il a la plus grave part de responsabilité dans la guerre qui reprend dans la Ruhr. Je lui en veux aussi de sa vie passée à la lutte contre la classe ouvrière et encore d'avoir fomenté les complots qui ont amené l'assassinat de Jaurès et surtout celui d'Almereyda, le chef des Jeunes gardes.

Elle revint ensuite sur ses hésitations à la messe de Saint-Germain-l'Auxerrois.

Mais, à ce moment, le docteur Paul estima qu'elle était trop fatiguée pour continuer, et M. Devise n'insista pas, regagnant le palais de Justice avec le procès-verbal de cette déclaration.

Germaine Berthon [*sic*], qui s'est blessée dans la région de l'épaule, sera radiographiée ce matin. Sauf complications, son état n'inspire pas d'inquiétudes.

Certains assurent que, contrairement à ces affirmations, la jeune anarchiste aurait voulu venger, en tuant M. Léon Daudet, la mort du chansonnier Lauff, des « Noctambules », qui succomba récemment à Reims, à la suite de coups reçus, il y a dix-huit mois ; on attribue, à tort ou à raison, ces sévices à des ligueurs d'Action française.

Le Petit Parisien, 23 janvier 1923.

DERNIÈRE ÉDITION DE PARIS

Le Petit Parisien

15 cent. LE PLUS FORT TIRAGE DES JOURNAUX DU MONDE ENTIER 6 pages

MARDI 23 JANVIER 1923

LA SITUATION DANS LA RUHR

LA GRÈVE DES BRAS CROISÉS ordonnée dans la nuit de dimanche à lundi N'A DURÉ QUE QUELQUES HEURES

Mais les Allemands font une nouvelle menace de grève générale et M. Fritz Thyssen et ses collègues ne sont pas relâchés

LES AUTORITÉS ALLIÉES NE SE LAISSERONT INTIMIDER PAR AUCUNE MANŒUVRE

CESSATION, PUIS REPRISE DU TRAVAIL DANS LES MINES

IMPORTANTES RÉUNIONS AU QUAI D'ORSAY

LES RÉPARATIONS DEVANT LA C. D. R.

DISCIPLINE NATIONALE

UN LARCIN

UN DRAME A L'« ACTION FRANÇAISE »

M. MARIUS PLATEAU

secrétaire général de la Ligue d'Action française tué à coups de revolver par une jeune anarchiste

La cour d'assises de la Seine jugera MM. Judet et Bossard par contumace, le 1er février

A LA DERNIÈRE HEURE

LA VIE DE M. MARIUS PLATEAU

LE PASSÉ DE GERMAINE BERTON

SOIRÉE MOUVEMENTÉE

Le visage de prévenue de Germaine Berton, de face et de profil, s'étale à la une à côté de celui de Marius Plateau et d'une photo du « bureau dans lequel le drame s'est déroulé ». *Le Petit Parisien*, 23 janvier 1923. Source : RetroNews-BnF.

Le motif : l'assassinat de Jaurès en 1914

L'assassinat de Jean Jaurès, événement majeur des tout derniers jours qui ont précédé le déclenchement de la Première Guerre mondiale, a marqué durablement les esprits. Parmi eux, celui de Germaine Berton qui, en 1923, affirmera avoir voulu venger sa mort.

Le 31 juillet 1914, alors qu'il dîne tranquillement dans un café rue Montmartre, non loin du siège de son journal, Jaurès, le fondateur de L'Humanité, *député socialiste qui n'a eu de cesse de se battre pour défendre la paix, est abattu par Raoul Villain, militant nationaliste, adhérent de la Ligue des jeunes amis de l'Alsace-Lorraine, proche de l'Action française.*

C'est à Louis Dubreuilh, socialiste de premier plan, secrétaire général de la SFIO de 1905 à 1918 et collaborateur régulier de L'Humanité, *qu'il revient, le lendemain, d'annoncer en une du journal la mort de son directeur. La rédaction tout entière rend ensuite un vibrant hommage à celui qui aura été un « ami », un « père », un « maître ». Tous espèrent que la paix est encore possible et que l'horreur du crime poussera les peuples à trouver « la force d'arrêter [...] le bras des égorgeurs ».*

Jaurès assassiné

Jaurès est mort ; il a été tué sous nos yeux, par deux balles assassines.

À la minute où il fut ainsi mortellement frappé, il s'entretenait avec nous des événements si graves qui acculent l'Europe à une catastrophe sans précédent dans l'histoire. Il cherchait à écarter l'horrible, le terrifiant péril. Il nous disait comment, par un viril et lucide effort, le gouvernement français pouvait encore sauver des horreurs d'un cataclysme universel la France et l'Europe avec elle.

Il est mort maintenant. Sa grande voix ne retentira plus. Son intelligence lumineuse n'essaiera plus de percer le secret des événements pour sauver de tous les dangers qui les guettent le prolétariat et l'humanité. Sa volonté ne s'appliquera plus à orienter dans les voies de l'avenir le prolétariat de son pays et le prolétariat international.

Le deuil qui nous frappe n'est pas que notre deuil à nous seulement, en effet, travailleurs et socialistes. Il est le deuil de tous les hommes de conscience droite qui veulent dans les angoisses et les ténèbres du présent acheminer les peuples vers un demain de conciliation et de concorde. Et voilà qu'il disparaît par une terrible ironie du destin à l'heure où sa présence était le plus indispensable au Parti auquel il avait voué toute son intelligence et tout son cœur et par-delà ce Parti, à la France, à l'Europe et au monde.

Faut-il donc désespérer ?

Non. De cette noble vie qui vient de s'éteindre ainsi si tragiquement, c'est une leçon d'action, c'est une leçon de courage quand même qui doit, au contraire, se dégager pour nous. Il a noblement fait sa tâche. Restons dignes de lui en remplissant la nôtre chacun dans la mesure de son intelligence et de ses forces.

Un soldat de la civilisation et de l'humanité est tombé avec lui au poste de combat et d'honneur ; mais l'humanité et la civilisation demeurent. C'est ce que notre grand mort nous crierait s'il pouvait parler encore.

Louis Dubreuilh

[...] À notre directeur

Quelque crime toujours précède les grands crimes. L'hécatombe exécrable que préparent à cette heure, dans leurs ténèbres, les partis militaires et les nationalismes de tous les pays aura eu pour prélude un monstrueux assassinat.

Le citoyen Jaurès, notre ami, notre père, notre maître, l'homme dont nous ne savions, s'il excitait en nous plus d'admiration que d'amour, a été assassiné hier, tandis qu'entouré de ses collaborateurs, ayant achevé en hâte son dîner du soir, il s'apprêtait à regagner notre journal afin d'y préparer le numéro du jour.

Il est mort quasi foudroyé. Mort de la plus sublime et de la plus sainte des morts, celle du militant, du héros, du martyr, et cette mort tragique, en pleine fièvre de combat, couronnera sa grande vie du nimbe glorieux du sacrifice. Jaurès est mort, tué par un fanatique de basse espèce à l'heure où, dans le déchaînement des passions les plus brutales et les plus aveugles, son noble esprit si magnifiquement clair, si généreusement français, allait être plus que jamais nécessaire, non seulement à son Parti, non seulement à son idée, mais à la France dont il était un des cerveaux pensants.

Il est mort. Et nous, ses collaborateurs, nous qu'il aimait avec tendresse et dont il n'est pas un – oh ! nous supplions qu'on nous croie – qui n'eût donné sa vie pour conserver la sienne, nous restons accablés, les yeux pleurant, le cœur brisé, notre ami, notre père, notre maître !... Qu'il était grand, qu'il était bon, et comme nous l'avons aimé !

C'était une vieille croyance orientale que le sang d'un seul juste pouvait racheter l'humanité du crime, de la souffrance et de la mort. Puisse le sang du juste qui vient de périr à son poste, victime de haines inexpiables, soulever dans le monde une si grande horreur que les peuples, dressés soudain contre la guerre, y trouvent la force d'arrêter – il en est temps encore – le bras des égorgeurs.

C'est le vœu que devant le cadavre sanglant de son directeur, la rédaction de *L'Humanité* formule ici de toute la force de son cœur.

La rédaction
L'Humanité, 1er août 1914.

l'Humanité

JOURNAL SOCIALISTE

Directeur Politique : JEAN JAURÈS

6 Pages — 5c

JAURÈS ASSASSINÉ

JEAN JAURÈS

LOUIS DUBREUILH.

SA VIE

A NOTRE DIRECTEUR

LA RÉDACTION

LETTRE

du président de la République à Mme Jaurès

R. POINCARÉ.

LE MANIFESTE DU GOUVERNEMENT

GROUPE SOCIALISTE AU PARLEMENT

LA FÉDÉRATION DE LA SEINE

L'ASSASSINAT

LA MORT

L'Humanité, au lendemain de l'assassinat de son directeur, Jean Jaurès, paraît bordée de noir en signe de deuil. *L'Humanité*, 1er août 1914. Source : RetroNews-BnF.

Le regard sur l'événement du journal L'Action française

Pour L'Action française *et son directeur Charles Maurras, qui signe, au lendemain des faits, le premier article de la une du journal entièrement dédiée à l'assassinat de Marius Plateau, aucun doute n'est permis : Germaine Berton n'a été « qu'un instrument » ; derrière elle, c'est l'Allemagne qui est coupable.*

Le promoteur du nationalisme intégral fustige l'« Allemagne de Stinnes » – en référence au grand industriel de la Ruhr, personnalité influente du début des années 1920. Il attaque les « espions » français et leurs complices, journalistes et hommes politiques de gauche : le socialiste Aristide Briand, président du Conseil de deux gouvernements entre 1914 et 1917, et partisan d'une paix durable avec l'Allemagne dans les années 1920 ; le député socialiste Jean Hennessy ; le radical Louis Malvy, ministre de l'Intérieur de 1914 à 1917 ; Edmond Théry, fondateur de L'Économiste européen *; ou encore le radical Albert Dubarry, qui lance* L'Ère nouvelle *en 1919.*

Charles Maurras termine en criant « justice et vengeance », dénonçant le précédent du procès d'Henriette Caillaux : « la Tueuse », comme il la désigne, jugée en 1914 pour l'assassinat de Gaston Calmette, directeur du Figaro, *avait été finalement acquittée par la cour d'assises de Paris.*

Anatomie d'un crime politique : revue de presse

Une balle allemande a tué Marius Plateau

–

La femme Berton qui l'a assassiné
avait essayé d'atteindre Daudet et Maurras
Le crime est flagrant. - Les inspirateurs connus.
- Nous exigeons leur châtiment.

–

Marius Plateau sera vengé

Les organisations d'influence et de propagande que Berlin entretient à grands frais dans Paris sont entrées brusquement en scène dans la journée d'hier. Elles ont répondu à l'occupation de la Ruhr en visant un des points vitaux du patriotisme français, l'un des centres de la défense et de l'action nationale. Elles ont visé et frappé au cœur notre admirable et cher ami Marius Plateau.

Les balles de guerre allemandes avaient relativement épargné ce héros de la Marne. Il en avait été quitte pour une trépanation ou deux. Les balles allemandes fondues pour la guerre civile l'ont tué net.

— Nous aurons le temps de te regretter, cher ami, le dévouement même ! Nous aurons le temps de te répéter ces titres que nous te donnions à ton retour de la guerre, de Decius français et d'autre Arnold de Winkelried ! Un jour viendra, sans doute, où méditer tout à notre aise sur ce sort étrange qui a rendu ta mort si pareille à ta vie. Dans cette inoubliable journée de Fort-Fontenoy, au 20 septembre 1914, tu te sacrifias toi et tes hommes pour que ton bataillon pût passer. Le 21 janvier 1923, tu as pris aussi notre place, tu as reçu les coups que l'Allemagne nous faisait l'honneur de nous destiner à Daudet et à moi. Il y a neuf ans, ta volonté, hier ton destin tendirent donc au même sacrifice de héros martyr. C'est ta gloire, c'est notre deuil. Nous saluons les tiens. Nous prions ton admirable mère de sentir notre cœur se déchirer silencieusement près du sien. Mais nous nous voyons obligés de courir, pour le moment, à d'autres sujets.

Car il nous faut d'abord bien voir et bien montrer la main allemande qui t'a frappé. Nécessité de salut public ! Malheur à ce pays si nous pouvions nous laisser endormir, intimider ou abuser par des diversions intérieures. Une pauvre anarchiste, vivant, dit-elle, de son parti, lequel ne serait pas riche s'il ne recevait des subsides d'ailleurs, cette anarchiste n'est qu'un instrument et son parti lui-même ne joue qu'un rôle intermédiaire. Les subsides viennent de Berlin, les ordres aussi : les ordres destinés à venger l'Allemagne de Stinnes, la protégée de cette Finance internationale dont M. Lauzanne disait récemment dans *Le Matin* qu'elle fait à son gré monter et descendre la Révolution. La Révolution à Paris ; entre Paris et Berlin, quelques grands et petits financiers à déterminer ; à Berlin l'esprit de haine héréditaire visant notre esprit national : telle est la filière qui se reconnaît et qui s'avoue presque dans l'acte d'hier. La nation allemande a voulu frapper d'inhibition un des centres nerveux de la nation française : la nation internationale a financé le forfait.

C'est dire que l'enquête judiciaire ne peut pas s'arrêter aux milieux anarchistes complices conscients ou inconscients de ces sortes d'opérations. Il y a trente ans que la police et la justice s'occupent des milieux anarchiques et révolutionnaires sans avoir jamais mis la main sur le nerf de leur guerre, sans avoir démasqué leurs relations avec la finance, qui sont cependant notoriété publique.

Exemple : si *L'Humanité* a pu, pendant près de vingt ans, troubler la vie politique et sociale de la France, c'est qu'avant de recourir aux subsides publics de Bebel, elle était née de souscriptions de douze internationaux qui n'ont pas été inquiétés.

Pas un journal antifrançais qui ne traîne la même honte. Pas une organisation de perturbateurs qui n'ait reçu le même denier demi-public de la fortune anonyme et vagabonde. Pas une association de malfaiteurs anarchisants qui n'ait profité des mêmes concours : ceux qui donnaient ces concours-là ont toujours été tenus pour sacrés.

Il faut que cela change. L'instruction doit remonter des anarchistes organes de l'action directe aux anarchistes marchands d'or qui fomentent cette action au compte de l'Étranger et de l'ennemi. Si la justice veut savoir sur quels points elle peut engager utilement enquêtes et recherches, nous sommes là pour la renseigner. Cependant elle nous semble assez grande fille pour savoir de quel côté avancer sans grands risques d'erreur. La situation a mûri depuis trois semaines, et la lumière sur les ressorts de la politique internationale va grandissant. Tout ce qui est bon Français dans le monde de la police et de la justice doit s'en rendre compte comme nous.

Mais, tout ce qui est allemand par esprit révolutionnaire (ou révolutionnaire par esprit allemand), flaire depuis des années le péril et s'efforce d'y parer par des campagnes qui sont de véritables crimes de presse et qui ont fini par aboutir à cet épisode sanglant. S'il est bien vrai que l'Allemagne guette depuis dix ans l'auteur de *L'Avant-Guerre*, le révélateur formidable du plus long, du plus méthodique et du plus libre effort d'espionnage qu'un peuple espion ait jamais tenté et réussi, les bénéficiaires français de cet espionnage allemand, cette clientèle intellectuelle et financière de l'Allemagne, guettaient Daudet comme l'Allemagne, avec la même passion. Jusque pendant la guerre, grâce à Malvy, le sentiment de ces alliés secrets de l'Allemagne a pu s'exprimer dans les colonnes du *Bonnet rouge* d'Almereyda et de *La Vérité* de Paul-Meunier : leur diffamation quotidienne a pu créer dans les têtes ignorantes et les esprits incultes une atmosphère destinée à rendre possibles les crimes que Berlin désirait.

Cette atmosphère ensemencée de calomnies et de mensonges, un instant balayée par le clémencisme vengeur, a reparu avec la mollesse des successeurs, et le nouveau Malvy. Briand a accordé aux excitateurs d'assassins, non pas seulement leur impunité mais le concours actif des fonds secrets, des tribunaux et des administrations. – Briand, vous avez votre part de responsabilité dans la mort de Plateau. Il en est de même de Téry et d'Hennessy. Il en est de même de Dubarry, voleur de portefeuilles. Il en est de même de la petite bande menée par le fétide André Gaucher qui, repoussé par l'Action française après y avoir été dégradé, ayant sali des plus vils mensonges les murailles de quelques villes sans réussir à se faire croire, de qui que ce soit, a tranquillement annoncé qu'il s'en allait passer au libre usage du browning : si l'ancienne femme de chambre de Mme Bernain de Ravisi s'est cru tout permis contre l'Action française ces jours derniers, c'est en grande partie parce qu'un individu comme Gaucher a pu jurer sans être inquiété, de pratiquer la consultation récente de M. Briand : - Contre Daudet, tout antipatriote et mauvais Français est en état de légitime défense !

L'Allemagne a exploité cette situation. Elle a joué la carte du permis de tuer les bons Français.

Par la mort de Plateau, elle a marqué un point. Il s'agit de savoir quel point la France marquera.

Naturellement, la question s'adresse d'abord au gouvernement de la France. Il a l'autorité et la responsabilité. Il dispose des moyens les plus puissants, les plus étendus et les plus rapides. Il peut frapper avec une promptitude et une décision radicale cette révolution germanique en train de relever la tête chez nous. Il peut montrer, non seulement aux coupables mais à leurs payeurs, à leurs instigateurs et à leurs complices, qu'il les connaît tous par leurs noms et qu'il est décidé à se défendre comme à défendre le pays.

Qu'un Téry circule et écrive librement, qu'un Dubarry et tous ses pareils multiplient chaque jour les insinuations venimeuses contre la politique de la France, les plaidoyers sournois en faveur de l'Allemagne, les excitations contre les patriotes français, c'est un scandale qu'un gouvernement peut faire cesser. C'est son intérêt, c'est son devoir, et sa fonction. Qu'il agisse. Nous attendons.

Mais nous n'attendrons pas longtemps. Cette nuit déjà, quand pour défendre les meubles et immeubles des journaux de l'Allemagne contre une jeunesse noblement indignée, la police a perdu tout sens de la mesure, nous avons eu lieu de nous demander si de mauvaises habitudes d'État allaient donner au gouvernement de la France l'apparence d'agir contre l'honneur français. Aux dernières nouvelles, la fâcheuse impression semble dissipée, mais il ne faudrait pas qu'elle puisse se renouveler ! La justice, en 1914, s'est mise du côté de la Tueuse. Les complices d'une autre Tueuse auront-ils le même succès ?

Cela est impossible. D'abord pour le bon sang innocent qui nous crie justice et vengeance. Ensuite et surtout pour la position morale de la patrie dans l'action contre l'Allemagne. Hier, c'était encore une guerre sèche. Le sang vient de couler. Si la réaction nationale de la France n'était pas égale en puissance et en énergie à l'offensive révolutionnaire et germanique ce serait un revers national. Un tel revers est impossible. Un tel revers ne sera pas. Nous le jurons.

Charles Maurras
L'Action française, 23 janvier 1923.

L'ACTION FRANÇAISE

ORGANE DU NATIONALISME INTÉGRAL

« Tout ce qui est national est nôtre »

Le Duc d'ORLÉANS

15 centimes | 20 centimes

DIRECTEURS POLITIQUES LÉON DAUDET et CHARLES MAURRAS — RÉDACTEUR EN CHEF MAURICE PUJO

EXCITATIONS COURANTES

« Je sais une boutique plus réactionnaire encore que les autres. Elle est sise rue de Rome. C'est l'Action française. On la doit supprimer ; simple nécessité de circulation. »

Un certain GYSAL, porte-parole de la bande. Le JOURNAL DU PEUPLE, 30 juillet 1922

UNE BALLE ALLEMANDE A TUÉ MARIUS PLATEAU

La femme Berton qui l'a assassiné avait essayé d'atteindre Daudet et Maurras

LE CRIME EST FLAGRANT. - LES INSPIRATEURS CONNUS. - NOUS EXIGEONS LEUR CHATIMENT

Marius Plateau sera vengé

CHARLES MAURRAS

APPEL AUX COMBATTANTS ET AUX PATRIOTES

MARIUS PLATEAU

L'ASSASSINAT

A l'affût de Daudet et Maurras

Comment briser la résistance allemande

Par LÉON DAUDET

Pourtour noir et portrait du défunt au centre, *L'Action française* affiche son deuil après le meurtre de Marius Plateau. *L'Action française*, 23 janvier 1923. Source : RetroNews-BnF.

Lettre ouverte de Germaine Berton à la suite de son acquittement

Quatre jours après son acquittement, Germaine Berton publie dans Le Libertaire, *journal anarchiste dont elle a toujours été proche, une lettre de remerciement à tous ceux qui l'ont soutenue, anonymes ou amis : son avocat et ami Henry Torrès, très engagé dans la défense des militants d'extrême gauche, et son secrétaire M*e *Joly ; Louis Lecoin, correcteur d'imprimerie et anarchiste qui l'a hébergée en 1921 ; Pierre Lentengre, dit Lentente, collaborateur du* Libertaire *et André Colomer, journaliste et poète, directeur de* La Revue anarchiste *depuis 1922, qui ont tous deux écopé de plusieurs mois de prison en 1923 pour leurs articles de soutien à l'accusée.*

Pleine de lyrisme et d'optimisme, Germaine Berton évoque avec émotion le moment du verdict « en cette soirée de Noël » du 24 décembre, « cette soirée merveilleuse où les consciences humaines communièrent avec ma conscience ». Après cette épreuve, ce sera son tour, dit-elle, de soutenir ses camarades : « Je vous encouragerai par ma foi ardente – et nous irons ainsi avec plus de confiance vers l'avenir meilleur. »

À vous, mes amis...

À vous, mes amis, à vous que je ne connais pas tous, à vous que je sentais si près de moi dans ma prison, je viens vous dire merci !

Je vous aime d'un amour immense. Je vous appartiens entière. Il faut que vous sentiez cela, il faut que ceux qui souffrent se disent : « Je ne suis pas seul, elle m'aime ! » Que cette pensée vous soutienne dans la lutte...

Dans peu de jours, je serai là pour essuyer vos paupières et la sueur de vos fronts, j'essayerai de panser vos plaies et d'effacer la trace de vos fatigues et de vos douleurs sous mon affection profonde, je vous encouragerai par ma foi ardente – et nous irons ainsi avec plus de confiance vers l'avenir meilleur !... Je vous aime d'un amour immense !

Lundi, tout pleurait. L'eau ruisselait sur les vitres vibrantes, les larmes coulaient amères et chaudes sur les joues des compagnons qui attendaient le verdict, dans l'angoisse, dans la fièvre... Moi, j'étais à l'écart, muette et pensive, sans être émue pourtant : il y avait tant de mois que je passais en espérant cette heure qui consommerait mon sacrifice ! L'heure était enfin venue, je la vivais avec recueillement... Et soudain la salle d'audience croula d'applaudissements, la porte s'ouvrit toute grande devant un garde républicain qui me cria : « Quel bonheur, Mademoiselle ! Ils vous ont acquittée ! »... Ensuite arriva Me Joly, le dévoué secrétaire de mon ami Henry Torrès ; il était étranglé par l'émotion et ne put que me serrer les mains à me les briser, tandis que deux grosses larmes s'échappaient de ses yeux...

Puis je partis en liberté et je retrouvai Lecoin, Lentente, Colomer... et d'autres, d'autres encore qui m'étreignaient dans leurs bras et riaient et sanglotaient à la fois !... Alors il me sembla qu'un nuage se dissipait, quelque chose se mit à chanter en moi et je compris que c'était ma jeunesse qui s'éveillait de sa longue nuit, en cette soirée merveilleuse où les consciences humaines communièrent avec ma conscience, en cette soirée de Noël !

Germaine Berton
Le Libertaire, 28 décembre 1923.

TROISIÈME SÉRIE. — VINGT-NEUVIÈME ANNÉE. — N° 11. Le Numéro : 20 Centimes VENDREDI 28 DÉCEMBRE 1923

le libertaire

QUOTIDIEN ANARCHISTE

Administration : PIERRE LENTENTE, 9, Rue Louis-Blanc, PARIS (10e)

A partir de 20 heures : Téléphone Gutenberg 26-55

Rédaction : ANDRÉ COLOMER, 123, Rue Montmartre, PARIS (2e)

ABONNEMENTS

A vous, mes amis...

A vous, mes amis, à vous que je ne connais pas tous, à vous que je sentais si près de moi dans ma prison, je viens vous dire merci !

Je vous aime d'un amour immense. Je vous appartiens entière. Il faut que vous sentiez cela, il faut que ceux qui souffrent se disent : « — Je ne suis pas seul, elle m'aime ! » Que cette pensée vous soutienne dans la lutte...

Dans peu de jours, je serai là pour essuyer vos paupières et la sueur de vos fronts, j'essaierai de panser vos plaies et d'effacer la trace de vos fatigues et de vos douleurs sous mon affection profonde, je vous encouragerai par ma foi ardente — et nous irons ainsi avec plus de confiance vers l'avenir meilleur !... Je vous aime d'un amour immense !

Lundi, tout pleurait. L'eau ruisselait sur les vitres vibrantes, les larmes coulaient amères et chaudes sur les joues des compagnons qui attendaient le verdict, dans l'angoisse, dans la fièvre... Moi, j'étais à l'écart, muette et pensive, sans être émue pourtant : il y avait tant de mois que je passais en espérant cette heure qui commencerait mon sacrifice ! L'heure était enfin venue, je la vivais avec recueillement... Et soudain la salle d'audience croula d'applaudissements, la porte s'ouvrit toute grande devant un garde républicain qui me cria : « Quel bonheur, Mademoiselle ! Ils vous ont acquittée ! »... Ensuite arriva Me Joly, le dévoué secrétaire de mon ami Henry Torrès ; il était étranglé par l'émotion et ne put que me serrer les mains à me les briser, tandis que deux grosses larmes s'échappaient de ses yeux....

Puis je partis en liberté et je retrouvai Lecoin, Lentente, Colomer... et d'autres, d'autres encore qui m'étreignaient dans leurs bras et riaient et sanglotaient à la fois !... Alors il me sembla qu'un nuage se dissipait, quelque chose se mit à chanter en moi et je compris que c'était ma jeunesse qui s'éveillait de sa longue nuit, en cette soirée merveilleuse où les consciences humaines communièrent avec ma conscience, en cette soirée de Noël !

GERMAINE BERTON.

La vie de plus en plus chère

Sur un faux bruit

Que les uns et les autres en prennent bonne note

La Liberté de la Presse

LE LIBERTAIRE.

Et la Seine montait toujours

Le "Dixmude" vogue-t-il au Sahara ?

Aux amis du quotidien

CRAINTE

Le 28 décembre 1923, la une du *Libertaire* accorde la première place en haut à gauche à la lettre ouverte de Germaine Berton. Le titre, qui reprend simplement les premiers mots du texte, interpelle directement le lecteur. *Le Libertaire*, 28 décembre 1923. Source : RetroNews-BnF.

Acquittée, mais néanmoins meurtrière : Colette commente le verdict

En 1923, Colette n'en est pas à sa première chronique judiciaire : en 1913, elle a couvert le procès de la bande à Bonnot, en 1921 celui de Landru, le tueur en série. Quelques jours après la fin du procès de Germaine Berton, la journaliste et écrivaine consacre à l'acquittée sa chronique hebdomadaire du Matin, *« Le Journal de Colette ». Loin de l'optimisme affiché la veille par Germaine Berton dans les colonnes du* Libertaire, *Colette insiste sur l'inévitable compagnonnage avec le fantôme de Marius Plateau qui attend l'acquittée pour le restant de ses jours.*

Son positionnement, au moment du procès de Violette Nozière, jugée pour le meurtre de son père incestueux en 1934, sera dans la continuité. Tout en trouvant des circonstances atténuantes à l'accusée, Colette ne manquera pas de rappeler, dans L'Intransigeant, *la gravité de son acte : « Il y a seulement deux espèces d'êtres humains : ceux qui n'ont pas tué et ceux qui ont tué. »*

L'acquittée

Elle est libre, et dix lettres quotidiennes la demandent en mariage. C'est une enfant orgueilleuse, aux nerfs tendus ; elle est très jeune, gouvernée par deux ou trois idées et des amis. Elle ne se donne sans doute pas le temps de fléchir, ni de pleurer, mais elle croit follement que tout vient de finir, prison, tourments, solitude, qu'une tâche est achevée, que le verdict de douze braves gens, qui ont tremblé de pitié, met un terme à une phase de son existence.

Comme les autres, comme toutes celles qui ont tué, elle n'a pas songé que retirer à quelqu'un la vie - vengeance amoureuse ou crime politique, le mobile importe peu - c'est, pour le meurtrier, commencer quelque chose qui ne finira pas. D'un seul geste, elle vient d'entrer dans l'intimité d'un mort.

La voilà libre, libre de cheminer désormais à côté d'un compagnon qu'elle a choisi. Hélas ! elle n'avait pas pensé à cela. Vivant, elle pouvait l'exécrer ; que faire contre un mort ? Il lui appartient, elle en a la charge. Avant qu'elle ne l'accaparât, il s'appelait... comment donc déjà ? Le nom terrestre n'importe guère non plus. Il s'appelle celui qui vivait, qu'elle a tué et à qui elle ne peut rendre la vie.

En vérité, je souhaite que cette jeune fille acquittée ne perde jamais la force qui serre ses lèvres et redresse sa mince et fringante échine, qu'elle ne soit jamais une pauvre enfant épouvantée, consciente, qui suppliera, parmi ses larmes : « Oh ! qu'il vive encore, qu'il se lève enfin de cette posture couchée et rigide... que j'entende encore le son injurieux de sa voix... »

Colette

Le Matin, 29 décembre 1923.

4 LE MATIN 29-12-23

LES MILLE ET UN MATINS

Le Journal de Colette

L'ACQUITTÉE

AU PALAIS-BOURBON

Les journaux d'anciens combattants et de mutilés

LA VIE ORPHÉONIQUE

ÉTUDES CHEZ SO

Vos Douleurs, Rhumatismes, Névralgies ?

Des mots et non des maux !

LA COMMISSION DU LAIT s'est réunie hier

LE CALCUL EXTRA-RAPIDE

T. S. F. POUR VOS ÉTRENNES

GALERIES DE L'ÉLECTRICITÉ

44, av. de la Grande-Armée, Paris

SAINT-ESPRIT

LE TIP remplace le BEURRE

La modification des droits perçus pour la délivrance des permis de conduire

L'assemblée générale des maraichers-primeuristes

CHAMPAGNE JULIEN MASSING

SAINT-MARCEAUX

ACHAT TRÈS CHER DE BIJOUX

HAIMET

LA C. P. D. E. ET LE MÉTROPOLITAIN

Carnet de la T. S. F.

AU LUXEMBOURG

TRIBUNAUX

S. A. V. I.

Sté ANONYME DE VULGARISATION INDUSTRIELLE

43, Avenue de la Grande-Armée, PARIS

CYCLECARS, 5 C.V., 2 places	313 fr.	par mois
CAMIONNETTE, 5 C.V., 200 kilos	313 fr.	»
VOITURETTE, 3 places, 5 C.V.	450 fr.	»
TORPEDO, 10 C.V., 4 places	495 fr.	»
TORPEDO LUXE, 4 places	586 fr.	»
CONDUITE INTÉRIEURE, 10 C.V., 4 places	858 fr.	»
CHARRETTE NORMANDE, 10 C.V., 400 kos	495 fr.	»
FOURGON, 10 C.V., 400 kilos	495 fr.	»
MOTOCYCLETTE, 125 cmc.	77 fr.	»

IGGINS AND Co

La Nuit sur la lande

GRAND ROMAN D'AVENTURES

DEUXIÈME PARTIE

LE MYSTÈRE DE L'ILOT

En page 4 du *Matin*, le 29 décembre 1923, Colette consacre la première partie de son « Journal » à Germaine Berton, qui vient d'être acquittée. *Le Matin*, 29 décembre 1923. Source : RetroNews-BnF.

PARTIE II

Affaires Borlet et Nozière : crimes familiaux et enfants « martyrs »

CHAPITRE 4

Adolphine Borlet et Violette Nozière, indicibles incestes

Par Michèle Pedinielli

Le 9 décembre 1891 au matin, Henri Rollet se prépare. Un coup d'œil dans le miroir pour sa moustache noire et fournie qu'il lisse d'un geste machinal, un autre pour l'intérieur de sa sacoche afin d'en vérifier le contenu. Sa robe d'avocat l'attend au tribunal. Il est prêt. Me Rollet est un homme doux et déterminé. Doux avec les enfants qu'il s'efforce de protéger. Déterminé face au système judiciaire qu'il veut réformer pour pallier les déficiences des parents violents et pour prendre en charge les mineurs maltraités ou abandonnés. L'année précédente, il a fondé un patronage où sont recueillis les petits vagabonds de Paris, avant d'être placés chez des paysans à la campagne. En 1889, avec le sénateur de Lozère Théophile Roussel, il a contribué à l'élaboration de la loi sur la déchéance paternelle, puis s'est attelé à la préparation des lois de 1898 sur la protection de l'enfance.

En ce 9 décembre, il sait que la journée va être éprouvante dans le procès qui l'oppose aux époux Borlet. Il représente Adolphine, leur fillette âgée de neuf ans. L'histoire est particulièrement atroce. D'ailleurs, en arrivant à la onzième chambre correctionnelle du tribunal de

Paris, il constate que les journalistes sont déjà là. Depuis que l'affaire Borlet a été révélée avec l'arrestation des deux parents bourreaux de leur fille, la presse a relayé l'histoire des violences et des tortures infligées à la petite « enfant martyre[1] » par un père et, surtout, une mère qualifiés de « monstres[2] ».

Le récit médiatique a commencé le 29 octobre dernier. La veille, l'institutrice d'Adolphine Borlet, déjà préoccupée par la tristesse et la fatigue excessive de l'enfant, a constaté des plaies épouvantables sur le corps de la fillette.

> Déjà la maîtresse de l'école avait remarqué l'air profondément abattu de la petite écolière ; elle l'avait interrogée sans rien pouvoir en tirer. Hier, inquiétée par la mine de l'enfant, elle la visita et vit que la fillette avait le haut des cuisses et le bas-ventre semés de plaies très profondes, d'où le sang s'échappait lentement. Pressée de questions, Adolphine Borlet avoua que depuis deux ans ses parents lui faisaient subir un véritable martyre[3].

L'école a alerté la police qui a arrêté la mère quand elle est venue chercher l'enfant, puis est allée chercher le père, Pierre Borlet, au 23, rue du Faubourg-du-Temple. À l'hôpital Saint-Louis, où la petite fille est examinée, on a constaté « des brûlures très graves[4] ». Depuis, la liste - en détail - des tortures infligées à l'enfant s'est étalée dans les chroniques de presse et a fait vendre du papier.

Henri Rollet ne doute pas que les époux soient condamnés. Ce qu'il ignore, c'est si les débats mettront en évidence le caractère incestueux des violences. Car parmi les supplices infligés, la petite fille a été violée. Violée par sa mère qui a enfoncé un tisonnier chauffé à blanc dans son sexe. La presse n'a pas employé ces termes-là. Le mot « inceste » est déjà de ceux qu'il est difficile de publier ; venant d'une mère, il semble impossible même à concevoir. *L'Observateur français* parle de pincettes chauffées « promenées sur tout le corps[5] », la mère n'avoue « qu'une cicatrice ou deux sur les cuisses[6] ». Le journal *Le XIXe siècle* parle d'un tisonnier « posé sur la partie du corps la plus intime de la malheureuse enfant[7] ». Posé, mais pas introduit. À cette période, seul *Le Petit Journal* décrit précisément la scène : « Avant-hier matin elle fit rougir l'extrémité des pincettes dans son fourneau et ayant fait déshabiller la petite martyre elle lui plongea le fer rouge dans le bas-ventre. Adolphine, en voulant saisir les pincettes, se brûla aux mains[8]. »

C'est plus tard, en 1908, que les mots employés ne laissent plus aucun doute quant au caractère de viol incestueux par la mère. Dans un article intitulé « Le jeu de massacre[9] » sur les violences faites aux enfants, le *Mercure de France* rappelle l'affaire Borlet et « la mère, plus experte [qui] lui "fouillait les organes génitaux" avec de l'eau sédative[10] pure et lui appliquait sur les cuisses des pincettes rougies au feu qu'elle lui introduisait ensuite dans les parties sexuelles ».

L'interrogatoire des accusés, qui ne voient dans les tortures et le viol qu'un moyen de corriger leur enfant, et l'audition des témoins (voisins et maîtresse d'école) suscitent des grondements de colère, voire des cris d'horreur dans le public. Henri Rollet attend le verdict du jury,

Deuxième Année. — N° 60. Huit pages : CINQ Centimes Jeudi 5 Novembre 1891.

L'INTRANSIGEANT

ILLUSTRÉ

Paraissant le Jeudi de chaque semaine

Les manuscrits non insérés ne sont pas rendus

PRIX DE L'ABONNEMENT :

Tout ACHETEUR du Journal est ASSURÉ GRATUITEMENT Contre les ACCIDENTS DE CHEMINS DE FER à la Compagnie LE SOLEIL-SÉCURITÉ GÉNÉRALE

7, Cité d'Antin — PARIS

Les abonnements sont reçus dans tous les Bureaux de Poste

LES ANNONCES SONT REÇUES : A L'AGENCE PARISIENNE DE PUBLICITÉ

Et aux Bureaux du Journal.

Adresser tout ce qui concerne la Rédaction à M. E. VAUGHAN, 142, rue Montmartre — Paris

ENFANT DE NEUF ANS MARTYRISÉE PAR SES PARENTS

Si l'inceste reste un indicible, les autres tortures infligées à Adolphine Borlet s'affichent très crûment, avec cette enfant représentée nue en une de *L'Intransigeant illustré*, le 5 novembre 1891. Source : Gallica-BnF.

confiant dans l'exemplarité de la peine qui va être prononcée. Lorsque les juges reviennent, c'est la stupeur : alors que le substitut du procureur réclamait la peine maximale (deux ans d'emprisonnement), les trois magistrats ne condamnent la mère qu'à six mois de prison – et deux mois pour le père Borlet. Léon Millot, journaliste à *La Justice*, s'en étouffe comme bon nombre de ses concitoyens.

> Eh bien ! Les trois personnages qui incarnaient aux pieds du Christ et du bon larron l'immanente justice, après avoir rapproché leurs toques et échangé leur sentiment, ont mis dans un des plateaux de la balance le tisonnier chauffé à blanc, les pincettes qui ardaient, et l'eau sédative ruisselant sur les plaies vives, et dans l'autre ils ont laissé tomber six mois de prison pour la femme Borlet et deux mois pour son conjoint – écartant la préméditation et accordant aux deux époux le bénéfice des circonstances les plus atténuantes[11].

Henri Rollet est furieux ; le parquet fait immédiatement appel. L'avocat ramène la petite fille dans les locaux de la Société protectrice de l'enfance, qui l'a recueillie depuis l'arrestation de ses parents. Un reporter du *Matin* se rend à son cabinet pour recueillir son sentiment. Le secrétaire de l'avocat lui répond :

> Nous comptons garder la jeune Adolphine aussi longtemps que nous le pourrons. Nous espérons que le parquet demandera d'office que ses parents soient déchus de la puissance paternelle. Nous la confierons alors, ainsi que sa jeune sœur, à quelque personne charitable.
> Mais, demandons-nous, si la déchéance n'était pas prononcée ?

> Dans ce cas, nous serions obligés de la rendre à ses parents mais nous espérons que cette éventualité ne se produira pas. La petite Borlet est très intelligente et, si elle a été intimidée à l'audience, elle n'en redoute pas moins de retourner à la maison paternelle et a déclaré qu'elle aimerait mieux mourir que de vivre encore avec ses parents[12].

Un mois plus tard, le 8 janvier 1892, la peine des époux Borlet est alourdie en appel : deux ans de prison pour la mère (le maximum), dix-huit mois pour le père. L'arrêt tient pour constants et prouvés les faits de cruauté et de violence exercés par les Borlet sur leur petite fille Adolphine, âgée de neuf ans ; il ajoute qu'il convient de faire une différence dans l'application de la peine, le mari s'étant montré moins cruel que sa femme à l'égard de la petite Adolphine[13]. Dans la presse, aucune mention n'est faite d'une éventuelle déchéance paternelle et le sort d'Adolphine après ce procès reste inconnu. Henri Rollet continuera son combat pour la protection de l'enfance tout au long de sa vie. En 1912, il participe à la rédaction de la loi sur le tribunal pour enfants et adolescents. Devenu magistrat, il gagnera rapidement le surnom de « Bon Juge ». Il meurt en décembre 1934, quatre semaines après la proclamation du verdict implacable de l'un des procès les plus retentissants de l'entre-deux-guerres, un autre procès sur l'inceste qu'on ne dit pas : l'affaire Violette Nozière.

* * *

S'il y avait du monde au procès des époux Borlet en 1891, la foule qui se presse dans la salle de la cour d'assises de la

Seine en ce 10 octobre 1934 est sans commune mesure. Le battage médiatique autour de Violette Nozière est incessant depuis des mois, avec son lot de révélations à la manière d'un feuilleton. Toutes les rédactions nationales (sans compter les journaux de la presse régionale) sont représentées dans la salle d'audience. Même Colette, la romancière, est là, dépêchée comme chroniqueuse judiciaire par *L'Intransigeant* afin de couvrir le procès[14]. Car l'histoire possède tous les ingrédients qui font vibrer les foules et – conséquemment – acheter des journaux depuis l'année précédente.

Le 23 août 1933 au matin, la jeune Violette Nozière, dix-huit ans, alerte ses voisins : elle vient de retrouver ses parents inconscients, à cause d'une fuite de gaz affirme-t-elle. Les secours arrivés sur place découvrent le père, Jean-Baptiste Nozière, agonisant. Il décède pendant son transport à l'hôpital. La mère, Germaine, est transportée en urgence à l'hôpital Saint-Antoine. Les premières constatations policières font apparaître le début d'un doute quant à l'origine de l'accident : le relevé du compteur de gaz révèle que la dose échappée est trop peu importante pour justifier une asphyxie.

Lorsque Mme Nozière se réveille de son coma dans l'après-midi, le commissaire emmène Violette à son chevet. Mais la jeune fille s'échappe du petit bureau où on l'a laissée seule quelques minutes, aggravant les doutes de la police à son encontre. Une « cavale » d'une semaine commence, pendant laquelle les journalistes feuilletonnent dans chaque édition sur ce fait divers qui tient en haleine la société tout entière. La culpabilité de Violette ne fait de doute pour quasiment personne : c'est « la triste fille qui a empoisonné ses parents[15] » pour *L'Ouest-Éclair*, un « monstre en jupon[16] » pour *Paris-Soir*, un « cas monstrueux[17] » pour *La Dépêche* de Toulouse. Car elle a commis le pire des crimes aux yeux de la société : un parricide. *Le Carnet de la semaine* le rappelle :

> Le parricide a toujours été le crime le plus sévèrement puni. Le misérable qui avait tué un ascendant fut, dans tous les pays, livré à des supplices choisis. La loi de Moïse ne l'avait pas prévu. Pareil forfait ne s'était pas offert à l'esprit du confident du Ciel. En France, on coupait le poignet droit du parricide et on le conduisait, voilé de noir, au supplice. Puis son cadavre était exposé. Nulle circonstance atténuante n'était envisagée. Depuis, le châtiment est devenu moins scénique. De plus, les circonstances atténuantes se sont glissées dans le Code[18].

On cherche Violette Nozière partout dans Paris, certains affirment qu'elle s'est jetée dans la Seine, d'autres qu'elle en est incapable (« Il faut, pour se faire justice, un certain cran dont cette fille faible et veule n'est sans doute pas capable[19] »), les citoyens s'improvisent « collaborateurs bénévoles de la justice[20] », selon l'expression du *Petit Journal*.

La jeune fille ne se cache guère pourtant, fréquentant les bars et les bals : elle sera d'ailleurs arrêtée le 28 août sur dénonciation dans une brasserie « où l'on dansait ». Elle avoue immédiatement le meurtre de son père et la tentative d'assassinat de sa mère. Violette Nozière a révélé qu'elle avait empoisonné ses parents avec un somnifère et qu'elle s'était procuré la drogue par petites parties dans de nombreuses pharmacies et l'avait patiemment accumulée. La parricide, qui, après sa crise de nerfs, a retrouvé un calme, un aplomb et on dirait plutôt une inconscience déconcertante, n'a élevé un peu le ton que pour répondre qu'elle n'avait eu aucun complice[21].

L'arrestation a été effectuée par la brigade du commissaire divisionnaire Marcel Guillaume (qui inspirera Georges Simenon pour son personnage de Maigret). Devant le commissaire, petit à petit, la carapace de la jeune fille s'effrite et elle parle : si elle a voulu tuer son père, c'est que celui-ci la violait de manière répétitive depuis ses douze ans.

Cette accusation est, majoritairement, très mal reçue dans la presse. Violette n'est pas la victime idéale : depuis ses douze ans - précisément -, on l'accuse de mauvaise influence sur ses camarades d'école, elle ment, elle vole, elle se maquille, rencontre des hommes dans les bars, se fait payer pour leurs faveurs, elle a contracté la syphilis, il est même question d'un ami noir... L'accusation d'inceste apparaît comme une nouvelle perversité de la jeune femme. Comme beaucoup de journaux, *L'Aube* y voit un « mensonge » abominable :

> Il semblait que le crime odieux de Violette Nozière avait atteint les bornes de l'horreur. De la jeune parricide, on n'attendait rien qui fût plus bas, plus lâche que son geste abominable. On se trompait. Se rendant tardivement compte de ce que sa situation avait de sinistre, pendant une première nuit passée dans une cellule de la Petite Roquette, Violette Nozière a mis sur pied un système de défense qui surpasse tout ce qu'on peut concevoir d'inhumain. Violette Nozière essaye, en effet, d'excuser son crime en portant sur son malheureux père une accusation particulièrement infâme. Tel sera désormais le motif qu'elle alléguera[22].

Le 6 septembre 1933, Violette Nozière fait la couverture de l'hebdomadaire *VU*. Son portrait est barré d'un bandeau accusateur qui résume les éléments de réponse, apportés dans les pages intérieures, à la question posée par le journal : « Comment cela est-il possible ? » *VU*, 6 septembre 1933. Source : Gallica-BnF.

Lors de son arrestation, son physique est ausculté à la loupe ; le rôle des photographes qui lui arrachent un cliché, avec parfois la complicité des autorités, devient déterminant dans la médiatisation de cette affaire[23]. C'est ainsi que l'on tire sans vergogne des conclusions sur son caractère :

> Violette Nozière a été retrouvée non seulement vivante, mais insouciante, cynique et presque indifférente. [...] Sur son visage neutre, tel que l'ont révélé les photographies et tel qu'ont pu l'apercevoir l'autre nuit les journalistes accourus quai des Orfèvres, on discerne la passivité charnelle et, aux commissures des lèvres, tout à la fois sensuelles et dures, une sorte d'atonie cruelle. La préméditation marque son crime, et combien elle le prémédita ! Et contre qui[24] !

Dans ce maelström à charge, peu nombreux sont ceux qui croient les accusations d'inceste. Mais parmi eux, il y a le commissaire Marcel Guillaume, qui se souvient de sa première rencontre avec Violette et la raconte dans ses mémoires confiés à *Paris-Soir* en 1937 :

> Et, en courtes phrases haletantes, brèves, elle nous raconta comment un jour son père avait odieusement abusé d'elle, pendant un voyage de sa mère. Quand celle-ci fut de retour, elle n'avait rien osé lui avouer, par peur. Et, docilement, pendant des mois et des années, elle s'était prêtée à l'odieux caprice de l'homme pour qui elle ne pouvait plus éprouver que de la haine et du mépris, mais un jour elle avait fait la connaissance d'un amant qu'elle avait tout de suite aimé avec cette inconscience des courtisanes, mais aussi avec cette passion qui est

peut-être leur seule pureté. Alors elle avait essayé de se refuser à son père, hélas[25] !

Violette Nozière a réitéré ses accusations d'inceste devant Edmond Lanoire, le juge en charge de l'instruction : elle n'a pas tué pour les 3 000 francs dérobés au domicile familial, mais pour se débarrasser de son père qui la violait depuis l'âge de douze ans. Une « accusation abominable » qu'Edmond Lanoire lui demande de bien peser.

— Oui, je le sais, mais pourtant, j'ai subi les violences de mon père, pour la première fois, dans ma chambre, un soir que ma mère était partie faire des courses. J'avais douze ans...
Violette Nozière poursuit :
— La seconde fois, la scène s'est passée dans la cabane de notre jardin, à la porte de Charenton. Cette cabane, je le sais, est aujourd'hui détruite. Elle avait, je m'en souviens, 2 m 20 de long sur 1 m 50 de large[26].

L'enquête est alors orientée selon les déclarations de la jeune fille. À Charenton, les policiers constatent que la cabane est effectivement détruite, mais dans l'appartement familial rue de Madagascar, la perquisition met au jour un cahier du père contenant des écrits érotiques et un chiffon taché de sperme caché au fond d'un placard. Violette affirme que son père éjaculait dans la pièce de tissu pour éviter qu'elle ne tombe enceinte. Cet élément est transmis au directeur du service de l'identité judiciaire[27]. L'interrogatoire d'étudiants amis de la jeune fille semble corroborer les accusations d'inceste. L'un d'entre eux déclare devant le juge que Violette lui avait déjà dit : « Mon père oublie parfois que je suis sa fille », sans poursuivre plus avant[28].

Tout comme Germaine Berton en 1924[29], Violette Nozière trouve un soutien inattendu auprès des écrivains du groupe surréaliste, qui prennent fait et cause pour elle. Pour contourner la censure française, ils publient en Belgique un recueil de textes intitulé *Violette Nozières*[30], dans lequel l'inceste est dit et répété dans chaque poème et dans chaque dessin. Pour André Breton, « ce que tu fuyais, tu ne pouvais le perdre que dans les bras du hasard » ; puis dans une formule à double lecture sur le prénom Violette, il évoque « le nom que ton père t'a donné et ravi ». Paul Éluard chante les rêves de bonheur fracassés par un père qui n'a rien à faire « dans le jardin de la jeunesse » :

Violette rêvait de bains de lait,
De belles robes de pain frais
De belles robes de sang pur
Un jour il n'y aura plus de père
Dans les jardins de la jeunesse[31].

Benjamin Péret, lui, fait directement référence à la cabane de jardin et au métier du père qui « violait » :

Papa
Mon petit papa tu me fais mal
disait-elle
Mais le papa qui sentait le feu de sa locomotive
un peu en dessous de son nombril
violait
dans la tonnelle du jardin

au milieu des manches de pelle qui l'inspiraient
Violette[32].

En 1933, ce sont les artistes qui nomment l'inceste, absent de la majorité des colonnes de la presse. Et la découverte d'un chiffon taché de sperme ainsi que le soutien des poètes ne suffisent pas à faire pencher la balance. Le 10 octobre 1934, le procès de Violette Nozière s'ouvre sur cette accusation :

> D'avoir, le 23 mars 1933, tenté de donner volontairement la mort à ses père et mère légitimes par l'administration de substances susceptibles de la donner plus ou moins promptement et le 21 août 1933, volontairement donné la mort à son père légitime et tenté de la donner à sa mère légitime par les mêmes moyens.

La question de l'inceste n'est pas retenue, au grand dam de ses avocats Me Henri Géraud (avocat de Raoul Villain, l'assassin de Jean Jaurès) et du jeune Me René de Vésinne-Larue. On racontera alors l'histoire d'une petite fille dans un milieu ouvrier parisien. Son père est cheminot, aimé de ses collègues, respecté par sa direction. La mère est au foyer. La petite fille vit avec son père et sa mère dans un logement minuscule et sans intimité, 9, rue de Madagascar, dans le XIIe arrondissement de Paris, tout à côté de la gare de Lyon. Violette est une enfant sage à l'école jusqu'à ce que son comportement ne change. Les qualificatifs se bousculent pour la décrire : « perverse », « caractère étrange, voire franchement anormal », « cynique » et, surtout, « menteuse ».

L'apostrophe du président du tribunal donne le ton :

> Si je ne craignais que mon exhortation ne soit vaine, je vous inviterais à dire la vérité.
> C'est un des traits de votre caractère que le goût du mensonge. Vous mentez non seulement par intérêt mais souvent sans raison. Vous avez longtemps menti à vos parents, à vos amis, à vos amants. Aujourd'hui vous êtes devant ceux qui vont vous juger. Êtes-vous décidée à dire la vérité[33] ?

Dans ce procès à charge, les jurés (tous des hommes, et de l'âge de Jean-Baptiste Nozière) ne vont retenir aucune des accusations de viol. Seules la perversité de la jeune fille, la détresse de sa mère et l'honorabilité du père seront examinées. Pour *Le Figaro*, la messe est dite : « Le crime effroyable ne comportait nulle excuse et le pardon tardif de la mère, transmis par l'avocat de la partie civile, n'était plus une intercession suffisante pour mériter la pitié des hommes[34]. » Même l'écrivaine Colette est convaincue de la culpabilité : « Je pensais à la mauvaise enfant criminelle, à l'atmosphère de mensonge bas qu'elle avait organisée, à l'étroite suspicion, à cette camaraderie pourrie entre la fille et des garçons sans scrupule[35] », écrit-elle dans une lettre quelques jours après le procès.

Étonnamment, le commissaire Marcel Guillaume, convaincu de la véracité de l'inceste qu'a subi la jeune fille, ne sera jamais appelé à témoigner. Le 12 octobre 1934 après seulement une heure de délibération, le jury rend son verdict et il est implacable : Violette Nozière est condamnée à la peine de mort pour parricide et empoisonnement, sans aucune circonstance atténuante.

Devant la décision de « juges cambrés de fausse pudeur et peureux de toucher au fond des débats et d'un jury congestionné par l'envie de faire plaisir à une foule carnassière », Marcel Aymé rédige un éditorial trempé de colère froide dans *Marianne*. Il est intitulé « Incestes », le mot qui a été glissé sous la table pendant tout le procès.

> Malgré un témoignage de la dernière heure, on a feint de croire à l'invraisemblance de relations incestueuses entre Violette Nozière et sa victime.
> Ni la conduite étrange de la meurtrière, ni le torchon pollué, ni le rouleau d'images obscènes, ni l'affirmation désintéressée d'un témoin, n'ont pu éveiller le moindre doute dans ces consciences de ruminants, et faire que le point central de l'affaire fût pris en considération. [...]
> Les chances d'un inceste étaient à peu près de cinquante pour cent, et c'est beaucoup trop pour que l'accusée n'ait pas été acquittée au bénéfice du doute. Si les juges, atterrés comme une vieille douairière qui reçoit une obscénité dans son cornet acoustique, ne s'étaient pas bouché pudiquement les oreilles et si une marge convenable avait été laissée aux responsabilités de la victime, les choses devenaient tout autres pour Violette Nozière. Dans l'hypothèse d'un inceste, quelle pitié ne méritait pas la malheureuse, et quel pardon[36] !

Le 24 décembre, Violette Nozière est graciée et sa peine commuée en travaux forcés à perpétuité. Elle est enfermée à la centrale de Haguenau en Alsace puis, en 1940, face à l'avancée allemande, transférée à la maison centrale de Rennes, en Bretagne. Devenue fervente catholique et adoptant un comportement exemplaire, elle voit sa peine réduite par le maréchal Pétain – qui n'hésite pas dans le même temps à livrer aux nazis les résistantes prisonnières à Rennes pour qu'elles soient déportées à Ravensbrück.

Elle est libérée le 29 août 1945 et le général de Gaulle lève son interdiction de séjour de vingt ans sur le territoire français. En 1946, elle épouse à Neuvy-sur-Loire, sa ville natale, Pierre Coquelet avec qui elle aura cinq enfants.

En 1953, soit vingt ans après sa condamnation à mort, son avocat, Me Vésinne-Larue, présente une requête en réhabilitation. L'homme qui a toujours cru en sa cliente est opiniâtre. Il trouve immédiatement le soutien d'André Breton, qui n'a pas oublié lui non plus. Dans la revue des surréalistes *Medium*, l'artiste écrit : « Réhabilitez-la. Cachez-vous ! De mémoire d'homme, jamais affaire criminelle n'aura fait surgir à la cantonade plus belle collection de crapules que le procès Violette Nozières, il y a vingt ans...[37] »

Il leur faudra attendre encore dix ans pour que le 13 mars 1963, Violette Nozière soit réhabilitée par la cour de Rouen et retrouve le plein exercice de ses droits civiques ainsi qu'un casier judiciaire vierge. Elle meurt en 1966 d'un cancer des os.

Violette a rêvé de défaire
A défait
L'affreux nœud de serpents des liens du sang[38].

CHAPITRE 5

Le tabou de l'inceste dans la presse

Par Anne-Emmanuelle Demartini

Inceste indicible ou inceste impensable ?

Interpréter la manière dont la presse au XIXe siècle traite de l'inceste est délicat. Faut-il parler de tabou ou plutôt de l'incapacité à voir l'inceste et à le penser ? Dans la France des Lumières et sous la Révolution, l'inceste a été l'objet de débats, puis il a quitté le champ de la parole publique, dont les journaux constituent une forme essentielle. L'inceste est absent de leurs colonnes. Enfin, pas tout à fait... L'inceste dont la presse parle, c'est Œdipe ou Phèdre, pour les incarnations mythologiques, c'est aussi les figures historiques issues de la Renaissance et revisitées par des auteurs contemporains : Lucrèce Borgia dans le drame de Victor Hugo ou Béatrix Cenci dans la tragédie du marquis de Custine, en 1833. En 1882, « l'événement de la saison » est *L'Inceste,* un roman d'Odysse Barot. Dans une presse très tournée vers la littérature, à la fois dans son contenu, son style et le profil de ses journalistes, l'inceste est un motif avant tout littéraire. En témoigne la critique de *Béatrix Cenci* parue dans le journal *La Quotidienne* :

> Le sujet de *Béatrice Cinci* [*sic*] est historique, comme chacun sait, et M. de Custine ne s'est point beaucoup écarté de l'histoire. C'est la peinture de la situation la plus horrible qui fût jamais, de l'inceste, et non plus de l'inceste involontaire tel que le théâtre grec l'avait conçu dans le personnage d'Œdipe parricide et incestueux à son insu et par l'influence d'une affreuse fatalité ; c'est l'inceste de propos délibéré, sans voile, sans excuse, sans pudeur, sans remords[1].

Sur l'inceste compris dans le sens qui intéresse la société d'aujourd'hui, c'est-à-dire celui de relations sexuelles imposées à un enfant dans le cadre familial, la presse est beaucoup plus discrète. Il faut attendre la fin des années 1870 pour que des affaires d'inceste sortent dans les journaux, et ce n'est déjà plus tout à fait la même presse : on est alors entré dans l'ère du fait divers, qui triomphe sous la Troisième République dans la presse populaire et séduit aussi la presse classique. Mais à la veille de la Première Guerre mondiale, cette présence de l'inceste dans la presse marque le pas. Le terme lui-même est prononcé – il apparaît d'ailleurs dans les titres des articles, à l'image de cet article du *Radical* du 12 avril 1913, intitulé « Le crime d'un alcoolique. Un inceste en cour d'assises ». Mais le traitement des faits est significatif de la difficulté à appréhender le phénomène, comme lors de l'affaire Borlet.

Adolphine est âgée de neuf ans au moment de l'arrestation de ses parents en 1891. *Le Petit Journal* détaille les sévices qui lui ont été infligés pendant deux ans :

> [Les époux Borlet] faisaient coucher la pauvre enfant dans une boîte à savon, au grenier, par les froids les plus vifs. Le

> matin la fillette était empoignée par son père ou sa mère et était plongée dans un grand baquet d'eau froide. Cette opération était accompagnée de formidables taloches ; avec ça une nourriture des plus rudimentaires, des croûtes de pain et de l'eau. Mais ça n'est rien à côté du supplice imaginé en dernier lieu par la femme Borlet. Avant-hier matin elle fit rougir l'extrémité des pincettes dans son fourneau et ayant fait déshabiller la petite martyre elle lui plongea le fer rouge dans le bas-ventre. Adolphine, en voulant saisir les pincettes, se brûla aux mains. Elle se mit à pousser des cris épouvantables ; mais on y était habitué dans la maison, les locataires n'intervinrent pas[2].

Comme on le voit dans cet extrait, la dimension sexuelle des mauvais traitements infligés par ses parents à la petite Adolphine est occultée. S'agit-il d'une difficulté à dire l'inceste ? d'une question de discours, de pudeur en somme ? Il est clair que le propos est euphémisé. Non seulement le journaliste n'emploie à aucun moment le terme d'inceste, mais il ne nomme pas non plus le sexe, en se contentant d'évoquer le « bas-ventre » ; les violences sexuelles n'apparaissent pas différentes dans leur nature des autres violences physiques ; elles sont présentées comme secondaires ou, en tout cas, elles sont masquées par le voile flou des mots. L'horreur se laisse cependant deviner : *L'Événement*[3] relate que « la mégère rougit au feu un tisonnier et l'appliqua sur les parties les plus sensibles du corps de la petite » ; *Le Phare des Charentes*[4] précise que « la mère, pendant deux ans, se donna l'infernal plaisir de brûler l'enfant aux jambes, à la poitrine, au ventre. Le pauvre petit corps est, de haut en bas, couvert de cicatrices, certaines plaies ont été ravivées par de nouvelles brûlures ! » ; le *Journal officiel de la République française* lui-même qualifie les souffrances infligées de « barbarie » :

> Là encore des cruautés inouïes étaient révélées, si atroces, cette fois, que, même prouvées, on a peine à se les figurer. Un père, une mère, avaient poussé la barbarie jusqu'à des fantaisies infernales[5].

Selon la présentation qui en est faite dans les journaux, l'affaire Borlet est donc une affaire de maltraitance, et non d'inceste ; c'est d'ailleurs pour coups et blessures que les parents seront finalement condamnés.

Difficulté à dire l'inceste, certainement, mais surtout, de manière plus fondamentale, incapacité à le penser : car l'inceste porte atteinte à la famille, considérée comme le socle de l'ordre public, et remet donc en cause le fonctionnement de la société. Son identification en tant que tel est par ailleurs tributaire des représentations que l'on se fait des violences sexuelles. Or le viol est alors conçu comme un coït illicite avec pénétration d'un pénis dans un vagin : il ne peut être commis ni par une femme ni par l'introduction d'un objet. Dans ce système de représentation, les « fantaisies infernales » de la femme Borlet sont donc barbares, mais inqualifiables. Cette conception extrêmement étroite du viol ne sera remise en question qu'à la fin du XXe siècle : en 1991, un arrêt de la Cour de cassation élargit la définition, en mettant fin au monopole masculin du viol et en admettant que la pénétration par le doigt ou par un objet peut le qualifier.

Si l'inceste est un sujet trop délicat pour être évoqué publiquement ou trop dérangeant pour être reconnu dans sa réalité, que dire des incestes commis par des femmes, ce « tabou du tabou ». Entrent en jeu ici les normes et les représentations de genre. En vertu d'une conception naturaliste héritée de la médecine des Lumières, la femme, donneuse de vie et vouée à la conserver, est considérée comme faible, douce et protectrice, tandis que la violence, associée à la virilité, est l'apanage de l'homme. La violence des femmes est donc très difficile à penser : la femme par nature n'est pas criminelle et c'est essentiellement sous le visage de la complice qu'elle peut l'être. Or la femme Borlet est ici à l'initiative, tandis que le père joue un rôle secondaire : « Le père assistait à ces séances de torture en fumant sa pipe », précise *La Gironde*, le 31 octobre 1891. Il y a donc ici inversion des rôles des genres.

Une dizaine d'années auparavant, dans l'affaire Ferlin, les rôles avaient été en revanche respectés, l'épouse étant cantonnée dans la position attendue de complice de son mari incestueux :

> En 1877, alors qu'elle avait plus de quinze ans, l'accusé [...] résolut de la posséder. Un jour, il l'attira de force sur son lit, étouffa ses cris en lui plaçant la main sur la bouche, la paralysa par ses menaces et la viola. À partir de ce moment, la femme Ferlin poussa sa fille à se livrer à son mari, qui exigeait, avec violences, ses complaisances. Cette femme assista à leurs honteuses caresses, et les encouragea par l'exemple[6].

Si la femme incestueuse, monstrueuse parce qu'elle contredit fondamentalement les représentations du féminin, est invisible dans la chronique des tribunaux, elle est omniprésente dans la fiction. Voluptueuse et lascive, elle est au XIXe siècle une figure littéraire, avant que le relais ne soit pris par le cinéma quand le thème incestueux y émerge dans les années 1970 : c'est ainsi la relation mère/fils qui inspirera Louis Malle en 1971 (*Le Souffle au cœur*), relation ambiguë où la transgression de l'interdit se fait pour ainsi dire naturellement et dans la tendresse de l'amour maternel. Mais l'imaginaire (volupté, lascivité ou douceur) est loin de la violence de la réalité.

L'évolution du regard sur les violences sexuelles

La réticence à évoquer frontalement l'inceste dans le discours public et la difficulté à le reconnaître dans sa réalité ne doivent pas conduire à penser qu'il n'est pas condamné. Son absence même du Code pénal de 1810 n'empêche pas la pénalisation. L'inceste ne constitue certes pas une catégorie pénale spécifique, une incrimination, mais il est puni comme circonstance aggravante du viol et de l'attentat à la pudeur : si les coupables ont autorité sur la victime (1810), s'ils sont ses ascendants (précision apportée en 1832), la peine est augmentée et le coupable passible de travaux forcés à perpétuité. Le XIXe siècle rompt ainsi avec l'Ancien Régime où l'inceste était un crime sexuel à part entière qui renvoyait au péché et au sacrilège. Il se situe dans le prolongement de la Révolution qui a fait disparaître l'incrimination d'inceste. Puis le XIXe siècle accentue la répression, par la multiplication des infractions sexuelles reconnues (viol, attentat à la pudeur avec violence, attentat à la pudeur sans violence) et par la prise en compte de la nature du lien unissant le coupable à sa victime. Surtout, et dans la continuité de la période révolutionnaire, la conception de l'inceste qui s'impose au XIXe siècle rompt avec la conception d'Ancien Régime qui y voyait un crime de luxure commis dans la parenté, engageant un couple dans son entier. Or, au XIXe siècle, l'inceste est pensé comme une violence sexuelle où agresseur et victime sont clairement distingués. Cette nouvelle conception se construit tout au long du siècle, dans le Code mais aussi chez les praticiens du droit, les médecins et les enquêteurs sociaux.

Fabienne Giuliani, dont les travaux sur l'inceste dans la France du XIXe siècle sont tout à fait essentiels[7], a montré comment toute une série de discours convergent pour souligner la dangerosité morale, mais aussi sociale et biologique de l'inceste, présenté comme un phénomène monstrueux, corrupteur, dont il faut protéger la société, en le punissant mais aussi en en voilant ses réalités : en ce sens, le XIXe siècle hérite moins du tabou de l'inceste qu'il ne l'invente, puisqu'il reconfigure l'inceste, la manière de le définir, d'en parler et de le masquer, sur des bases nouvelles.

Entre préservation de la pudeur publique et nécessité de protéger les enfants

La liberté de parole sur la sexualité est un phénomène récent. Au XIXe siècle mais aussi dans les deux premiers tiers du XXe siècle, parler de la sexualité n'est légitime que dans les milieux savants ou militants. L'impératif de préserver la pudeur publique et d'éviter de tomber sous le coup de la loi sur la presse de 1881 qui poursuit les outrages aux bonnes mœurs impose aux journalistes des stratégies discursives (allusions, euphémismes, prétéritions, etc.) pour édulcorer leur propos.

Tout ceci n'est guère spécifique à l'inceste. Ce qui l'est davantage en revanche, c'est la manière de nouer dans le discours l'interdit, l'informulable et l'inexistant, qu'on peut considérer comme une caractéristique de la rhétorique du tabou. Parce qu'il est interdit, qu'il est scandaleux, l'inceste est censé ne pas exister ; or, parler de l'inceste revient précisément à lui donner une existence ; le silence doit donc endiguer la corruption et dissoudre, pourrait-on dire, le phénomène. Mais peut-on penser ce qu'on ne dit pas ? Et comment concilier interdit de parole et mission d'information ? Ces tensions traversent le travail de la justice qui doit établir des faits en restant dans les règles de la décence mais aussi l'écriture du fait divers criminel, d'où des énoncés contradictoires et la contrainte de dire en taisant.

La nouvelle conception de l'inceste comme sexualité illicite imposée par un adulte à un enfant de sa famille est concomitante avec le souci de plus en plus affirmé de protéger les enfants. L'évolution de la législation pénale traduit d'ailleurs une volonté d'accentuer la répression de la criminalité sexuelle sur enfant. Il faut noter également que l'affaire Borlet a lieu deux ans après le vote de la première grande loi sur la protection des enfants maltraités ou moralement abandonnés de 1889. Elle s'inscrit dans cette baisse du seuil de tolérance à l'égard des violences envers les enfants, dont la presse a d'ailleurs été une actrice de premier plan : en montant en épingle des affaires comme celle-ci, elle a sensibilisé l'opinion et permis une prise de conscience. Pour sa défense, la femme Borlet prétend qu'elle corrige sa fille, à qui elle reproche - comme on le comprend entre les lignes - des habitudes de masturbation. Or, l'indignation soulevée par l'affaire conduit, suite à l'appel du parquet, à un second verdict qui aggrave les peines :

> Grâce aux articles indignés qui ont paru dans la presse, justice vient enfin d'être faite aux époux Borlet, ces parents barbares qui s'ingéniaient à martyriser leur fillette âgée de neuf ans et atteinte de nymphomanie.
> En première instance, les époux Borlet furent condamnés à des peines relativement dérisoires : six mois de prison furent infligés à la femme et deux mois au mari.
> Sur appel *a minima* du parquet, après réquisitoire de M. l'avocat général Roulier et plaidoiries de Mes Albert Crémieux et Harmand, la Chambre des appels de police correctionnelle, présidée par M. Bérard des Glajeux, vient de condamner la femme Borlet à deux ans d'emprisonnement (maximum de la peine) et Borlet à dix-huit mois de la même peine[8].

Ce deuxième verdict montre que la frontière entre la correction parentale tolérable envers un enfant et ce que nous appelons aujourd'hui la maltraitance est en train de se déplacer.

Reste que la protection de l'enfance, à la fin du XIXe siècle, met sur le devant de la scène le père violent, maltraitant, alcoolique, et non le père incestueux.

« L'enfant martyr », qui est au cœur d'une véritable campagne de presse dans les années 1890 débouchant sur une nouvelle loi de protection de l'enfance en 1898, est l'enfant battu, séquestré, torturé, ce n'est pas l'enfant violé : les sévices sexuels infligés à Adolphine par ses parents ne suscitent pas un discours spécifique, comme s'ils restaient non vus, non pensables.

Évolution du tabou : l'affaire Nozière

En 1933, Violette Nozière, une jeune fille de dix-huit ans, empoisonne son père et explique son crime en accusant sa victime d'inceste[9]. Le traitement de l'affaire, qui est très médiatisée, hérite de cette construction qui a fait de l'inceste une chose monstrueuse devant être passée sous silence pour protéger la société. Le mot « inceste » lui-même est peu prononcé par les journalistes, qui préfèrent employer l'adjectif « incestueux », plus vague, ou bien la périphrase évoquant « la monstrueuse » ou « l'odieuse accusation[10] ». Or dans cette dernière formulation, ce n'est pas l'inceste qui est monstrueux mais bien le fait d'en parler. Jugée scandaleuse et invraisemblable, ramenée au mensonge d'une fille perverse et cynique, la parole de Violette Nozière a d'emblée été condamnée. C'est ce que rappelle *Le Temps*, le 31 août 1933 : « Tout en estimant que Violette recourrait à la plus monstrueuse accusation pour trouver une excuse à son forfait, le magistrat se réserve d'examiner aujourd'hui le bien ou le mal-fondé de cette fable. »

Nombreux sont les journaux, à l'instar du *Petit Parisien* du 30 août 1933, à faire de Violette une mythomane :

> Elle a tout simplement accusé de la plus monstrueuse des passions le père qu'elle venait de tuer, et cela avec un luxe de détails qui a quelque chose de répugnant.
> Le juge à qui elle a fait cette déclaration imprévue ne l'a pas accueillie sans réserve. Il cherchera, comme c'est son devoir, à en vérifier la vraisemblance. Mais déjà ceux qui connurent Baptiste Nozières s'indignent contre cet outrage à sa mémoire. La mythomanie évidente de Violette, les énormes « bobards » qu'elle accumula avec une facilité intarissable à l'usage du policier amateur qui l'a fait arrêter, permettent d'ailleurs de considérer comme éminemment suspectes toutes ses déclarations[11].

Le retentissement de l'affaire est lié à sa nature de parricide : dans l'échelle des crimes, fixée par le Code pénal de 1810 toujours en vigueur en 1933, le parricide, qui porte atteinte au père, ce pilier de l'ordre civil, se place au sommet ; l'inceste est, en regard, mineur, comme le souligne *Paris-Soir* :

> Elle a tué, tout le reste n'est que littérature. Cette reine du pavé m'a l'air d'une bonne sans place, même pas : d'une bonniche endimanchée qui ne possède dans son sac que de mauvais certificats. Son père a abusé d'elle ? Si cela était..., elle a tué[12].

On notera ici le mépris de classe : dans l'imaginaire social, l'inceste est associé aux milieux défavorisés, paysans proches de l'animalité ou ouvriers gâtés par la promiscuité.

Mais l'intérêt suscité par ce parricide a permis que la question de l'inceste soit posée et débattue. L'affaire ne se réduit donc pas à l'emprise du tabou. Au fur et à mesure que l'enquête avance, le front d'indignation s'est fissuré dans une presse où le doute s'est installé. Violette Nozière aurait-elle dit la vérité ?

La réponse des journalistes parcourt tout le spectre de l'inceste, vu comme un mensonge (« cette fable monstrueuse[13] »), un fantasme (« un roman freudien[14] »), une hypothèse (« si c'était vrai[15] »), voire une certitude (« une chose démontrée[16] »). Le doute s'est instillé peu à peu dans l'esprit des journalistes :

> Violette Nozière aurait-elle dit la vérité en formulant la terrible accusation contre son père ?
> On a d'abord pensé qu'il ne s'agissait que d'un système de défense désespéré, d'une nouvelle ignominie à ajouter à toutes celles dont apparaissait tissée la vie de l'empoisonneuse - tentant de salir, pour se sauver, la mémoire de sa victime. Mais maintenant, on hésite...
> Quel mystère révoltant pouvait donc cacher la vie, en apparence si paisible, de l'honorable famille Nozière ? Toute la psychologie de la criminelle peut-elle s'expliquer par une adolescence souillée, par une haine légitime et sans pitié pour celui qui aurait abusé de sa jeunesse[17] ?

La réaction du groupe surréaliste est, elle, sans ambiguïté : le recueil poétique *Violette Nozières* est un plaidoyer en faveur d'une jeune fille qui s'est libérée de l'inceste par le parricide. Le principal intérêt historique de cette affaire réside assurément dans cette discussion publique, au cœur des années 1930, autour d'une accusation d'inceste.

Mais sans aveu du père, sans témoin oculaire, sans preuve matérielle, comment prouver l'inceste ? C'est finalement le déni qui finit par triompher du doute, tant était forte la volonté de restaurer la figure du père : écartant les circonstances atténuantes qu'aurait pu valoir le soupçon sur l'inceste, la justice a condamné Violette Nozière à mort. Le commentaire de l'écrivain Marcel Aymé évoqué dans le récit est impitoyable sur ces juges « cambrés de fausse pudeur » et « peureux de toucher au fond du débat » qui condamnent de ce fait « à mort une fillette de dix-neuf ans » : « Comme s'il s'agissait d'édulcorer un scénario dont les violences eussent peut-être indisposé la critique, on s'est contenté d'effleurer le sujet, avec des phrases bien rabotées, avec des mines de chat pissant dans la braise[18]. »

Marcel Aymé fait également allusion au traitement de l'affaire dans un autre journal, *L'Humanité*. Impossible pour le titre communiste d'accabler le père, ouvrier et communiste : la faute est donc rejetée sur l'amant, le bourgeois Jean Dabin qui aurait corrompu Violette. L'inceste ? Une fable ordurière exploitée par la presse bourgeoise pour salir l'ouvrier Nozière :

> Le 12 octobre 1934, la jeune parricide Violette Nozière était condamnée à mort par le jury de la Seine.
> Tandis que la petite dévoyée était frappée sans pitié, le fasciste Jean Dabin s'en allait tranquillement, un sourire canaille aux lèvres, libre. Jean Dabin, qui avait soutiré tout l'argent qu'il pût de cette fille d'ouvriers, avilie et corrompue par les fils de bourgeois noceurs, qui la poussa à la prostitution, qui l'incita au crime, toujours pour l'argent[19].

La figure de l'ouvrier modèle a donc contribué à décrédibiliser la parole de Violette. Dans les affaires judiciaires, et notamment les affaires de mœurs, la réputation est primordiale : face au mécanicien bien noté par ses supérieurs, ponctuel et très sérieux du point de vue de la moralité selon ses camarades, la jeune « dévergondée » avait peu de chance d'être entendue.

De l'affaire Nozière à l'affaire Duhamel : l'inceste dans le débat public aujourd'hui

De l'affaire Nozière, en 1933, à l'affaire Duhamel, en 2021, la réception médiatique de la parole accusatrice est fortement contrastée. Alors que Violette Nozière a immédiatement provoqué indignation et incrédulité, la parole de Camille Kouchner accusant, dans son livre *La Familia grande*, son beau-père Olivier Duhamel de viol sur son frère jumeau a été accueillie avec bienveillance et n'a pas été mise en doute.

La presse a publié de larges extraits de l'ouvrage, offrant un espace pour que soit entendue la parole de la victime – car c'est ainsi que se présente Camille Kouchner, qui s'est trouvée piégée dans le secret de l'inceste. Un seuil a été, manifestement, franchi dans la société : la figure de la victime, avec son traumatisme et son témoignage, s'est installée dans l'imaginaire de l'inceste.

Le livre de Camille Kouchner s'inscrit dans une longue liste d'autobiographies de victimes qui trouvent dans les médias une caisse de résonance, comme ce fut déjà le cas en 1986 avec Éva Thomas, invitée sur le plateau des « Dossiers de l'écran » d'Antenne 2 pour son livre *Le Viol du silence*. Alors qu'en 1933, quelques femmes avaient confié au juge d'instruction qu'elles avaient vécu la même chose que Violette Nozière, en 2021, ce sont des milliers de témoignages qui ont afflué : à l'ère des réseaux sociaux et près de quatre ans après #MeToo, l'affaire Duhamel a eu des conséquences sans précédent sur la libération de la parole des victimes d'inceste. Enfin, sur le plan social, les différences sont nettes : alors que l'affaire Nozière pouvait conforter un imaginaire de promiscuités ouvrières incestueuses, la médiatisation d'une affaire Duhamel touchant l'intelligentsia parisienne a contribué à la prise de conscience d'une diffusion des pratiques incestueuses dans toutes les couches de la société.

Le milieu social de Camille Kouchner comme la notoriété des acteurs impliqués ont permis à cette affaire un traitement médiatique particulier - d'autres victimes n'en bénéficieraient sans doute pas. En témoigne l'affaire Valérie Bacot, jugée, quelques mois après, pour le meurtre d'un mari violent qui l'obligeait à se prostituer : la presse n'a, en aucun cas, évoqué comme élément d'explication du meurtre les violences incestueuses que l'accusée avait subies dans sa préadolescence, infligées par celui qui avait été son beau-père avant d'être son époux et le père de ses enfants. La prudence s'impose donc.

CHAPITRE 6

Vers la lente élaboration d'une protection de l'enfance : revue de presse

Par Alice TILLIER-CHEVALLIER

La campagne de dénonciation des « enfants martyrs » dans la presse à la fin du XIXe siècle

Si, à la fin du XIXe siècle, la presse reste largement muette sur l'inceste, elle s'empare, à partir des années 1880, du sujet de la maltraitance des enfants et de l'impératif social de leur protection. Les articles dénonçant les « enfants martyrs » se multiplient, à l'image de cet article du Parisien *du 17 janvier 1890 qui pointe du doigt les agissements d'une mère qui a « presque tué » son enfant de 5 ans « à force de le rouer de coups » et à qui la société donne l'occasion de récidiver, puisqu'elle lui a rendu son enfant après huit mois de prison à peine.*

Une première loi de protection de l'enfance a bien été votée en 1889 : elle prévoit la possibilité de déchoir un père de son autorité. Elle reste cependant peu appliquée de crainte de voir la société aller à vau-l'eau, et elle reste en tous les cas insuffisante : « C'est quelque chose que cette loi, conclut l'article. Mais il y a certainement beaucoup à faire, et surtout beaucoup de surveillance à exercer pour que des faits semblables ne déshonorent pas notre société civilisée et humanitaire. »

Question sociale

Une bien triste affaire va être jugée par la police correctionnelle de Paris.

Il y a quelques années, une femme était condamnée pour mauvais traitements envers son enfant, âgé de cinq ans, qu'elle avait presque tué à force de le rouer de coups.

Le tribunal de la Seine la condamna à huit mois de prison, et l'Assistance publique mit l'enfant dans un hôpital, pendant ce temps-là.

La mère, ses huit mois de détention terminés, fut mise en liberté, et son enfant lui fut rendu. La prison n'ayant pas changé ses sentiments pour lui, au contraire, elle prit sa revanche et se livra sur lui à des traitements plus mauvais encore que précédemment.

Les voisins de la misérable, constatant l'état du pauvre enfant, l'ont dénoncée, et cette marâtre va de nouveau comparaître devant le tribunal correctionnel.

L'administration de l'Assistance publique a repris le petit. La mère sera condamnée, subira sa peine. Et après ? Lui rendra-t-on son enfant ?

Il y a là un fait épouvantable, et qui, malheureusement, n'est pas isolé.

Mme Pauline Kergomard, de l'Union française pour le sauvetage des enfants en France, raconte des faits navrants du même genre, qu'elle a constatés par une enquête personnelle.

Le petit Zimmer n'est qu'une unité dans le nombre des enfants martyrs. Je puis citer, dit Mme Kergomard, une fillette de six ans à laquelle son père a crevé l'œil ; un garçon de huit ans, qui avait reçu tant de coups sur la tête qu'elle n'était plus qu'une plaie, un autre du même âge qui avait les deux pieds gelés, parce que son père l'avait mis à la porte et qu'il avait passé la nuit sous un pont. Je connais une fillette que l'amant de sa mère aplatissait à coups de poing contre le mur. Elle s'est échappée et n'a été sauvée de ce brutal que pour tomber entre les mains d'un monstre, qui a abusé d'elle. Je rencontre enfin, tous les soirs dans les rues, où je les recherche, de pauvres bébés accroupis auprès des femmes qui les exploitent, buvant à pleine bouche, par ce temps d'épidémie, la pneumonie et la bronchite.

« L'Union française » fait de son mieux pour arracher le plus grand nombre d'enfants à ces supplices de famille. Elle en a recueilli un grand nombre dans son asile provisoire de la rue Dauphine. Elle a obtenu, par l'intervention de ses membres auprès de la Chambre, le vote de l'article qui déclare déchu de la puissance paternelle tout parent qui a maltraité son enfant et l'a mis en danger matériel ou moral.

C'est quelque chose que cette loi. Mais il y a certainement beaucoup à faire, et surtout beaucoup de surveillance à exercer pour que des faits semblables ne déshonorent pas notre société civilisée et humanitaire. Car c'est une véritable honte que de restituer à des parents indignes les pauvres petits enfants qu'ils ont plusieurs fois failli tuer.

Le Parisien, 17 janvier 1890.

Entre un entrefilet consacré à l'Académie française et une nouvelle diplomatique, *Le Parisien* aborde sous le titre « Question sociale » le cas du petit Zimmer, qui « n'est qu'une unité dans le nombre des enfants martyrs ». *Le Parisien*, 17 janvier 1890. Source : RetroNews-BnF.

Le verdict Borlet : un jugement infamant pour La Justice

Le 9 décembre 1891, les époux Borlet sont condamnés à six mois de prison pour la femme et deux mois pour le mari, alors même que le procureur requérait une peine de deux ans. Une clémence que Léon Millot, journaliste à La Justice, *journal républicain fondé par Georges Clemenceau en 1880, juge infamante. Dénonçant « deux monstres pour lesquels les travaux forcés nous auraient paru infiniment trop doux », d'« ingénieux tortionnaires, qui auraient eu un grade distingué dans l'Inquisition », il critique la loi française, inspirée du droit romain et de la loi des Douze Tables – premier corpus de lois romaines écrites remontant au Ve siècle avant notre ère –, qui ose accorder des circonstances atténuantes à des « tortureurs d'enfants ». À ses yeux, les époux Borlet auraient mérité rien moins que les « supplices les plus dahoméens », référence au royaume du Dahomey où la France vient de lancer, en 1890, une première expédition et qui, aux dires de la presse française, pratiquerait les pires sacrifices humains.*

Un jugement

Je n'ai jamais été partisan à aucun degré de la torture, mais je n'hésite pas à déclarer qu'il existe un cas où je réclamerais volontiers la peine du talion, et j'éprouverais une volupté sans égale à voir appliquer les supplices les plus dahoméens aux tortionnaires d'enfants. Les bourreaux sont toujours lâches, mais la cruauté et la lâcheté sont doubles, quand elles s'attaquent aux petits, aux êtres innocents et sans défense pour lesquels l'Antiquité demandait le maximum du respect. Et il semble que le crime n'ait plus de nom, qu'il appelle tous les raffinements des représailles humaines, quand c'est le géniteur qui supplicie sa progéniture. Nos codes, imprégnés de l'esprit du vieux droit romain, de l'âpre droit des Douze Tables, qui donnait droit de vie et de mort au père sur l'enfant, n'ont pas édicté de répression spéciale à l'égard des ascendants qui martyrisent leurs petits. L'article 312 du Code pénal - ajouté, je crois, en 1863 - a augmenté l'échelle des peines pour les crimes commis par l'enfant contre son père ou sa mère légitime. Mais il n'y a pas de disposition similaire pour le cas inverse. Et il faut s'en tenir au droit commun, se contenter des articles 309 à 311, relatifs aux coups et blessures, pour frapper l'ascendant qui torture la chair de sa chair, qui inflige le lent et méthodique supplice des sévices quotidiens à l'être dont il répond physiquement et moralement.

Suivant les cas, et quand il n'y a pas eu mort ou mutilation, la peine peut être, au maximum, de deux ou de cinq années de prison. Cinq années, c'est pour la préméditation, et l'on peut dire qu'elle existe toujours chez ces bourreaux qui renouvellent chaque jour pendant des années la souffrance du petit martyr. C'est bien peu pour l'horrible crime, généralement accompli avec des raffinements de férocité, et si l'on se décidait quelque jour à réviser le Code pénal, suivant le concept moderne du droit, les mêmes peines devraient être prononcées pour les coupables, que la victime soit un ascendant ou un descendant.

Il y a pourtant des magistrats qui trouvent que c'est trop, et qui accordent des circonstances atténuantes aux tortureurs d'enfants. La onzième chambre du tribunal correctionnel de la Seine vient de condamner à une peine qui est la plupart du temps celle des passants arrêtés sur la voie publique les jours de manifestation ou des mineurs prévenus d'atteinte à la liberté du travail, deux monstres pour lesquels les travaux forcés nous auraient paru infiniment trop doux.

Il y a deux ans que les époux Borlet martyrisent leur fille âgée de neuf ans. Ces ingénieux tortionnaires, qui auraient eu un grade distingué dans l'Inquisition, commençaient, pour se mettre en goût, par rouer de coups la jeune Adolphine - on lui a cassé un jour une canne sur le dos - après quoi on lui plongeait tous les matins la tête dans un baquet d'eau froide. Ces préliminaires accomplis, on passait à des exercices plus sérieux. Tantôt on lui brûlait les doigts avec un tisonnier, tantôt on lui tenaillait les cuisses et le bas-ventre avec les pincettes rougies au feu. Quand la plaie était bien à vif, la femme Borlet versait dessus de l'eau sédative. Quand la petite criait, on lui enveloppait la tête dans un tablier pour étouffer ses plaintes. Elle passait ses nuits sur le plancher d'un grenier, à peine couverte. Notez que ces faits ont été constatés par l'enquête, et que le président Courot, qui devait collaborer quelques minutes plus tard au stupéfiant jugement de la onzième chambre, a fait au cours de son interrogatoire la déclaration suivante : « Le docteur a constaté sur certaines parties du bas-ventre de votre enfant, sur ses cuisses, et sur le reste du corps, des brûlures faites avec un fer rouge. Certaines plaies avaient jusqu'à sept centimètres de longueur. » Ajoutez que les dépositions des victimes et celles de l'institutrice, qui a découvert l'épouvantable traitement qu'on faisait subir à l'enfant, ont confirmé les charges de l'instruction. Remarquez enfin que le substitut requérait le maximum de la peine.

Le maximum, c'était cinq ans seulement, parce qu'il n'y avait pas maladie ou incapacité de travail pendant plus de vingt jours, mais c'était bien cinq années et non pas deux, parce que la préméditation, réitérée tous les jours de 1889 à 1891, n'était pas douteuse. Eh bien ! les trois personnages qui incarnaient aux pieds du Christ et du bon larron l'immanente justice, après avoir rapproché leurs toques et échangé leur sentiment, ont mis dans un des plateaux de la balance le tisonnier chauffé à blanc, les pincettes qui ardaient, et l'eau sédative ruisselant sur les plaies vives, et dans l'autre ils ont laissé tomber six mois de prison pour la femme Borlet et deux mois pour son conjoint - écartant la préméditation et accordant aux deux époux le bénéfice des circonstances les plus atténuantes. On n'a pas pu me dire si les juges de la onzième chambre étaient mariés et pères de famille - il eût été intéressant de connaître ce détail - mais j'ai avant tout le regret de ne pas pouvoir transmettre, avec celui du président Courot, le nom de ses deux assesseurs à la postérité.

Léon Millot
La Justice, 13 décembre 1891.

Onzième année — N° 4391. Un Numéro : 10 c. Paris et Départements Dimanche 13 Décembre 1891

Directeur Politique : G. CLEMENCEAU

LA JUSTICE

Rédacteur en Chef : CAMILLE PELLETAN

COLOMBA

LE SÉNAT DIRIGEANT

Camille Pelletan.

DERNIÈRE HEURE

LA JOURNÉE AU PALAIS BOURBON

DANS LES COULOIRS

CONSEIL DES MINISTRES

LES TRAITÉS DE COMMERCE ET LA TRIPLE ALLIANCE

LA CHAMBRE

LE SÉNAT

CHRONIQUE

UN JUGEMENT

Après un titre d'une grande sobriété (« Un jugement »), la chronique de Léon Millot, en une, commence tambour battant : « Je réclamerais volontiers la peine du talion. » *La Justice*, 13 décembre 1891. Source : RetroNews-BnF.

Une critique de l'absence de pénalisation de l'inceste en tant que tel

Quelques jours après l'arrestation de Violette Nozière, et alors que la presse s'indigne de l'accusation d'inceste portée par la prévenue contre son père, Adrienne Verdière Le Peletier aborde la question sous l'angle juridique dans Le Carnet de la semaine. *L'hebdomadaire satirique a été créé en 1915 par le libertaire Henri Fabre.*

La journaliste, dont le nom est resté associé à la Résistance qu'elle rejoint dès 1940, a mené l'enquête interrogeant « d'éminents hommes de loi », elle a découvert « non sans surprise » qu'« en France, dans notre législation contemporaine, l'inceste n'est réprimé par aucun article de loi ». Il peut néanmoins tomber, théoriquement, sous le coup d'autres délits : viol, excitations de mineurs à la débauche, attentat à la pudeur, voire adultère. Et la journaliste de dénoncer toutes les incohérences, les vides juridiques et les hypocrisies qui laissent, de fait, droit de cité à l'inceste.

L'inceste est-il un crime prévu par la loi et puni par elle ?

L'inceste est-il un crime puni et prévu par la loi ? On parle beaucoup de l'inceste depuis que Violette Nozières tente de justifier son meurtre en accusant l'auteur de ses jours de s'être rendu coupable de ce crime envers elle.

Lorsque nous l'envisageons au sens moral, l'inceste soulève un juste sentiment de répulsion et même d'horreur, mais nous avons voulu le considérer au point de vue légal, tout comme des législateurs pourraient le faire.

Est-ce un crime ou un délit ? Quelle pénalité lui est applicable ? Quelle est son histoire à travers les époques et dans les différentes nations ?

Nous avons consulté le Code pénal, nous avons interrogé d'éminents hommes de loi, et... non sans surprise, nous avons appris qu'en France, dans notre législation contemporaine, l'inceste n'est réprimé par aucun article de loi. Il semble que, tout comme un écrivain fameux, les législateurs dirent : « Ton corps est à toi » et, conséquemment, aucune pénalité ne saurait être appliquée en raison du principe : « *Nulla pœna sine lege.* »

Il n'en fut pas toujours ainsi cependant, ce qui prouve que cette lacune n'est pas la résultante d'un oubli, et notre ancien droit, antérieur au Code de 1810, comportait des sanctions répressives atteignant les coupables particulièrement dans leurs patrimoines.

Dans les législations étrangères, on trouve encore des textes de loi châtiant les rapports incestueux (statut de New York, Code de Géorgie, Code pénal autrichien, Code pénal italien punissant par la réclusion, de 18 mois à 5 ans ; Code pénal allemand).

Le droit canon se montre très énergique et déclare que le crime d'inceste « spirituel » n'est pas moins grave que celui qui est commis entre membres de la même famille. « Celui qui fait commerce de relations charnelles avec une religieuse unie spirituellement à Dieu, doit être puni très sévèrement, dit-il, car Dieu est le père de tous, et enfin le coupable induit à l'adultère l'épouse du Seigneur. »

Mais puisque Dieu est le père de tous, même de la religieuse, est-il admissible qu'elle soit l'épouse de son père ? Et enfin, puisque, au point de vue religieux, nous sommes tous des frères, le sacrement du mariage lui-même sanctifierait l'inceste ? Il y a certainement là quelque chose qui échappe à notre entendement.

Les juifs, qui furent les premiers à donner l'exemple du racisme, punissaient il y a plus de deux mille ans, dans leurs lois hébraïques, de la peine de mort, le crime de l'inceste ; cependant il est aisé de comprendre, en suivant la Bible, que l'inceste fut en quelque sorte nécessaire à l'origine de l'existence humaine. Les fils d'Adam et Ève durent obligatoirement choisir leurs compagnes parmi leurs sœurs, les petits enfants de Noé, après le Déluge, furent contraints à s'unir à leurs cousines ou à leurs sœurs, et que dire des filles de Loth ?

Chez les Francs, les unions incestueuses étaient courantes et, chez les Romains, elles existaient également, s'il faut en croire Voltaire, qui dit : « Caligula publiait hautement que sa mère était née de l'inceste d'Auguste et de Julie. »

À notre époque, certains législateurs prétendent que l'inceste peut encore être « nécessaire », et ils citent l'exemple d'une famille qui, ayant fait naufrage, se trouverait perdue sur une île déserte et n'aurait que ce moyen de perpétuer la race.

Toutefois, si le Code français ne comporte pas de lois réprimant les rapports incestueux, la législation prohibe de façon absolue le mariage entre frère et sœur, et tous parents en ligne collatérale : elle semble vouloir ignorer les relations illégitimes qui peuvent exister entre ceux-ci, et c'est en raison de ce principe qu'elle défend la reconnaissance d'enfants incestueux. Les enfants issus de ces unions ne peuvent être reconnus que par le père ou par la mère, jamais par les deux, le second générateur - la mère parfois - devant être déclaré inconnu.

Enfin si l'inceste n'est pas réprimé lorsqu'il est consommé entre deux personnes majeures ou émancipées par le mariage, les ascendants qui s'en rendent coupables sur des mineurs de moins de treize ans, ou de plus, mais non émancipés par le mariage, peuvent être poursuivis et punis sous différentes accusations : viol (art. 332, L. du 28 avril 1832), excitations de mineurs à la débauche (art. 334, L. du 3 avril 1903), attentat à la pudeur (art. 331, L. du 13 mai 1863).

Les dédales du temple de Thémis sont fort compliqués ; on s'en aperçoit en étudiant toutes ces diverses accusations, et l'expression courante : « Nul n'est censé ignorer la loi », paraît paradoxale.

Le Code nous enseigne que, pour qu'il y ait crime de viol, il faut qu'un des partenaires ne soit pas consentant. Peut-on considérer valable le consentement d'un mineur ? Consentement à quoi ?... À ce qu'il ignore !

Écartons l'idée du viol, supposons que le consentement soit acquis et valable, n'est-il pas possible de penser alors que l'ascendant aura attenté aux mœurs en excitant, favorisant ou facilitant habituellement la débauche ou la corruption du mineur ?

Ici une objection nous a été faite, nous la relatons sans la commenter :

> Si un père s'aperçoit que sa fille a un besoin pathologique qui ne trouverait honnêtement sa satisfaction que dans le mariage, si la jeune fille n'est pas légalement en âge d'être mariée, ou si, pour toutes autres raisons, elle ne l'est pas, il peut avoir agi pour la soustraire à la débauche et à la corruption où sa jeunesse, son inexpérience et ses sens pourraient la jeter (*Sic*).

Enfin, il reste l'attentat à la pudeur, mais le Code précise qu'il n'y a outrage public à la pudeur que si la publicité, élément essentiel se référant à cet article de loi, existe réellement ; que si l'acte a été commis dans un endroit ouvert ou insuffisamment clos, et nous apprenons que la chambre matrimoniale, qui n'est pas toujours fermée à clef ou au loquet lorsque des conjoints légaux s'y unissent, constitue le corps de délit si le même acte y est consommé par un ascendant et un mineur, ou par des individus qui ne sont pas maritalement unis.

D'ailleurs, le seul fait de relever jusqu'à la ceinture les jupes d'une jeune fille constitue un attentat à la pudeur, et l'on cite le cas d'un père qui fut poursuivi parce qu'on l'avait vu, alors qu'il faisait ce geste pour administrer une fessée méritée à son enfant. Enfin, dans les trois cas, la preuve matérielle est toujours assez difficile à faire, car il faudrait prendre les coupables en flagrant délit.

Et voilà, pour conclure, qu'un autre facteur intervient : c'est que l'ascendant qui, du vivant de son autre conjoint, se serait rendu coupable d'inceste, est, par conséquent, adultère.

Ce délit est puni par la loi (art. 336). Si c'est la femme... oh ! la loi est très sévère !... La peine d'emprisonnement pendant trois mois au moins et deux ans au plus peut lui être appliquée. Quant au mari, les législateurs eurent plus de mansuétude - n'étaient-ils pas hommes, eux-mêmes ? - et, pour que le délit soit punissable, il faut qu'il ait entretenu une concubine dans la maison conjugale ; la peine ne consiste d'ailleurs qu'en une amende variant entre cent à deux cent mille francs.

Mais alors si la concubine est la propre fille, il faudrait encore préciser à quel titre l'homme l'entretient dans la maison conjugale...

Adrienne Verdière Le Peletier
Le Carnet de la semaine, 1er septembre 1933.

LE CARNET DE LA SEMAINE 11

LES ENQUETES DU CARNET

L'inceste est-il un crime prévu par la Loi et puni par elle ?

L'inceste est-il un crime puni et prévu par la loi ? On parle beaucoup de l'inceste depuis que Violette Nozières tente de justifier son meurtre en accusant l'auteur de ses jours de s'être rendu coupable de ce crime envers elle.

Lorsque nous l'envisageons au sens moral, l'inceste soulève un juste sentiment de répulsion et même d'horreur, mais nous avons voulu le considérer au point de vue légal, tout comme des législateurs pourraient le faire.

Est-ce un crime ou un délit ? Quelle pénalité lui est applicable ? Quelle est son histoire à travers les époques et dans les différentes nations ?

Nous avons consulté le Code pénal, nous avons interrogé d'éminents hommes de lois, et... non sans surprise, nous avons appris qu'en France, dans notre législation contemporaine, l'inceste n'est réprimé par aucun article de loi. Il semble que, tout comme un écrivain fameux, les législateurs dirent : « Ton corps est à toi » et, conséquemment, aucune pénalité ne saurait être appliquée en raison du principe : *Nulla pœna sine lege*. »

Il n'en fut pas toujours ainsi cependant, ce qui prouve que cette lacune n'est pas la résultante d'un oubli, et notre ancien droit, antérieur au Code de 1810, comportait des sanctions répressives atteignant les coupables particulièrement dans leurs patrimoines.

Dans les législations étrangères, on trouve encore des textes de lois châtiant les rapports incestueux (statut de New-York, Code de Géorgie, Code pénal autrichien, Code pénal italien punissant par la réclusion, de 18 mois à 5 ans; Code pénal allemand).

Le droit canon se montre très énergique et déclare que le crime d'inceste « spirituel » n'est pas moins grave que celui qui est commis entre membres de la même famille. « Celui qui fait commerce de relations charnelles avec une religieuse unie spirituellement à Dieu, doit être puni très sévèrement, dit-il, car Dieu est le père de tous, et enfin le coupable induit à l'adultère l'épouse du Seigneur. »

Mais puisque Dieu est le père de tous, même de la religieuse, est-il admissible qu'elle soit l'épouse de son père ? Et enfin, puisque, au point de vue religieux, nous sommes tous des frères, le sacrement du mariage lui-même sanctifierait l'inceste ? Il y a certainement là quelque chose qui échappe à notre entendement.

Les juifs, qui furent les premiers à donner l'exemple du racisme, punissaient il y a plus de deux mille ans, dans leurs lois hébraïques, de la peine de mort, le crime de l'inceste ; cependant il est aisé de comprendre, en suivant la Bible, que l'inceste fut en quelque sorte nécessaire à l'origine de l'existence humaine. Les fils d'Adam et Eve durent obligatoirement choisir leurs compagnes parmi leurs sœurs, les petits enfants de Noé, après le Déluge, furent contraints à s'unir à leurs cousines ou à leurs sœurs, et que dire des filles de Loth ?

Chez les Francs, les unions incestueuses étaient courantes et, chez les Romains, elles existaient également, s'il faut en croire Voltaire, qui dit : « Caligula publiait hautement que sa mère était née de l'inceste d'Auguste et de Julie. »

A notre époque, certains législateurs prétendent que l'inceste peut encore être « nécessaire », et ils citent l'exemple d'une famille qui, ayant fait naufrage, se trouverait perdue sur une île déserte et n'aurait que ce moyen de perpétuer la race.

Toutefois, si le Code français ne comporte pas de lois réprimant les rapports incestueux, la législation prohibe de façon absolue le mariage entre frère et sœur, et tous parents en ligne collatérale; elle semble vouloir ignorer les relations illégitimes qui peuvent exister entre ceux-ci, et c'est en raison de ce principe qu'elle défend la reconnaissance d'enfants incestueux. Les enfants issus de ces unions ne peuvent être reconnus que par le père ou par la mère, jamais par les deux, le second générateur — la mère parfois — devant être déclaré inconnu.

Enfin si l'inceste n'est pas réprimé lorsqu'il est consommé entre deux personnes majeures ou émancipées par le mariage, les ascendants qui s'en rendent coupables sur des mineurs de moins de treize ans, ou de plus, mais non émancipés par le mariage, peuvent être poursuivis et punis sous différentes accusations : Viol (art. 332, L. du 28 avril 1832), excitations de mineurs à la débauche (art. 334, L. du 3 avril 1903), attentat à la pudeur (art. 331, L. du 13 mai 1863).

Les dédales du temple de Thémis sont fort compliqués ; on s'en aperçoit en étudiant toutes ces diverses accusations, et l'expression courante : « Nul n'est censé ignorer la loi », paraît paradoxale.

Le Code nous enseigne que, pour qu'il y ait crime de viol, il faut qu'un des partenaires ne soit pas consentant. Peut-on considérer valable le consentement d'un mineur ? Consentement à quoi ?... A ce qu'il ignore !

Ecartons l'idée du viol, supposons que le consentement soit acquis et valable, n'est-il pas possible de penser alors que l'ascendant aura attenté aux mœurs en excitant, favorisant ou facilitant habituellement la débauche ou la corruption du mineur ?

Ici une objection nous a été faite, nous la relatons sans la commenter : « Si un père s'aperçoit que sa fille a un besoin pathologique qui ne trouverait honnêtement sa satisfaction que dans le mariage, si la jeune fille n'est pas légalement en âge d'être mariée, ou si, pour toutes autres raisons, elle ne l'est pas, il peut avoir agi pour la soustraire à la débauche et à la corruption où sa jeunesse, son inexpérience et ses sens pourraient la jeter. » (*Sic*.)

Enfin, il reste l'attentat à la pudeur, mais le Code précise qu'il n'y a outrage public à la pudeur que si la publicité, élément essentiel se référant à cet article de loi, existe réellement ; que si l'acte a été commis dans un endroit ouvert ou insuffisamment clos, et nous apprenons que la chambre matrimoniale, qui n'est pas toujours fermée à clef ou au loquet lorsque des conjoints légaux s'y unisse, constitue le corps de délit si le même acte y est consommé par un ascendant et un mineur, ou par des individus qui ne sont pas maritalement unis.

D'ailleurs, le seul fait de relever jusqu'à la ceinture les jupes d'une jeune fille constitue un attentat à la pudeur, et l'on cite le cas d'un père qui fut poursuivi parce qu'on l'avait vu, alors qu'il faisait ce geste pour administrer une fessée méritée à son enfant. Enfin, dans les trois cas, la preuve matérielle est toujours assez difficile à faire, car il faudrait prendre les coupables en flagrant délit.

Et voilà, pour conclure, qu'un autre facteur intervient : c'est que l'ascendant qui, du vivant de son autre conjoint, se serait rendu coupable d'inceste, est, par conséquent, adultère.

Ce délit est puni par la loi (art. 336). Si c'est la femme... oh ! la loi est très sévère !... La peine d'emprisonnement pendant trois mois au moins et deux ans au plus peut lui être appliquée. Quant au mari, les législateurs eurent plus de mansuétude — n'étaient-ils pas hommes, eux-mêmes ? — et, pour que le délit soit punissable, il faut qu'il ait entretenu une concubine dans la maison conjugale ; la peine ne consiste d'ailleurs qu'en une amende variant entre cent à deux cent mille francs.

Mais alors si la concubine est la propre fille, il faudrait encore préciser à quel titre l'homme l'entretient dans la maison conjugale.. .

Adrienne VERDIÈRE LE PELETIER.

Alors que le reste de la presse s'indigne de l'accusation d'inceste portée par Violette Nozière contre son père, Adrienne Verdière Le Peletier aborde la question sous l'angle juridique. *Le Carnet de la semaine,* 1er septembre 1933. Source : RetroNews-BnF.

Marcel Aymé s'insurge contre la condamnation de Violette Nozière

Le 12 octobre 1934, Violette Nozière est, en première instance, condamnée à la peine de mort pour parricide et empoisonnement, sans qu'aucune circonstance atténuante soit mise en avant. Dans Marianne, *journal politique et littéraire de gauche modérée lancé par Gaston Gallimard en 1932, Marcel Aymé ne mâche pas ses mots. L'écrivain, que le succès de* La Jument verte *vient de faire accéder à la notoriété, dénonce un verdict scandaleux, un procès qui a sciemment évité le sujet de l'inceste et des journaux complices par leur bien-pensance ou leur défense du père travailleur. À ses yeux, Violette aurait dû être acquittée au bénéfice du doute.*

Au-delà du cas Nozière, ce sont tous les acquittements coupables, l'absence de protection des enfants martyrs et une autorité paternelle atrocement abusive qui sont pointés du doigt sous le pluriel du titre « Incestes ».

Incestes
par Marcel Aymé

Des juges cambrés de fausse pudeur et peureux de toucher au fond des débats, un jury congestionné par l'envie de faire plaisir à une foule carnassière, ont condamné à mort une fillette de dix-neuf ans. Malgré un témoignage de la dernière heure, on a feint de croire à l'invraisemblance de relations incestueuses entre Violette Nozière et sa victime. Ni la conduite étrange de la meurtrière, ni le torchon pollué, ni le rouleau d'images obscènes, ni l'affirmation désintéressée d'un témoin, n'ont pu éveiller le moindre doute dans ces consciences de ruminants, et faire que le point central de l'affaire fût pris en considération. Comme s'il s'agissait d'édulcorer un scénario dont les violences eussent peut-être indisposé la critique, on s'est contenté d'effleurer le sujet, avec des phrases bien rabotées, avec des mines de chat pissant dans la braise. Il ne fallait pas jeter une note discordante dans cette jolie réunion du Tout-Paris excité. D'ailleurs, la critique l'avait déjà fait comprendre et la presse s'était montrée unanime à refuser l'hypothèse d'une pareille monstruosité. Les journaux commis à la défense et à l'illustration de la saine morale à pleines mains n'en parlaient qu'entre les lignes, écœurés à la pensée qu'une fable aussi ordurière pût trouver un soupçon de crédit ; pour eux, en effet, l'inceste est une invention gracieuse de la mythologie, un thème de tragédie grecque, une friandise en tout bien tout honneur pour les lettrés et les honnêtes gens ; pratiquement, la chose n'existe pas. Quant aux journaux avancés, turbulents, c'était une autre affaire : la victime, mécanicien aux chemins de fer, était un travailleur, je veux dire un honnête travailleur, car les deux mots sont inséparables. Or, un honnête travailleur ne couche pas avec sa fille, c'est bien connu. Ou alors, où irions-nous ? Il faudrait admettre que les hommes sont partout les mêmes, bons ou fripouilles avec les moyens dont ils disposent ; il n'y aurait plus à s'en prendre qu'aux seules institutions, simplement et honnêtement, et ce serait la fin de toute polémique un peu violente.

Les chances d'un inceste étaient à peu près de cinquante pour cent, et c'est beaucoup trop pour que l'accusée n'ait pas été acquittée au bénéfice du doute. Si les juges, atterrés comme une vieille douairière qui reçoit une obscénité dans son cornet acoustique, ne s'étaient pas bouché pudiquement les oreilles et si une marge convenable avait été laissée aux responsabilités de la victime, les choses devenaient tout autres pour Violette Nozière. Dans l'hypothèse d'un inceste, quelle pitié ne méritait pas la malheureuse, et quel pardon ! Qui donc eût osé lui reprocher ses amants cupides, cyniques, charognards ? Son premier contact avec l'amour, le mensonge qu'il imposait continuellement dans la famille et hors de la famille, n'étaient guère propres à lui faire ambitionner des amours plus relevées. Un sentiment permanent de honte, d'infériorité vis-à-vis des autres jeunes filles, la détournait sûrement d'y penser.

Consciente ou à demi consciente de cette tare, comment n'en aurait-elle pas éprouvé une secrète colère et le besoin d'en tirer vengeance. En faisant la part à ses mauvais instincts, de quelle autorité pouvait se réclamer le père pour les combattre ? Son autorité de premier amant ?

En réalité, le procès de Violette Nozière n'a été qu'une simple formalité, une mise en scène passablement réglée. Nous avons assisté, pour notre édification, à une condamnation de principe, qui fait suite à ces acquittements scandaleux dont les tribunaux, en ces dernières années, ont fait bénéficier tant de parents coupables d'avoir assassiné leurs enfants en leur infligeant d'ignobles tortures. Ces enfants assassinés, dont le martyre amusait les juges, étaient au moins aussi innocents, aussi pitoyables, que le père de Violette Nozière, et je crois bien qu'ils l'étaient davantage. Pourtant, leurs bourreaux, qui ne pouvaient bénéficier d'aucun doute, d'aucun soupçon d'excuse, n'ont pas été inquiétés. Les tribunaux n'ont jamais vu d'inconvénient sérieux à ce qu'un gosse soit assommé à coups de talon. C'est une vieille histoire qui n'est pas près de finir. En condamnant Violette Nozière sans vouloir entendre parler d'inceste, de même qu'en acquittant des parents meurtriers, le tribunal s'est montré fidèle à l'une de ses plus chères traditions. Il a voulu affirmer le droit du père à disposer absolument de ses enfants, tout compris : droit de vie et de mort, et droit de cuissage aussi.

Marcel Aymé
Marianne, 24 octobre 1934.

8 MARIANNE 24 Octobre 1934

LES PLAISIRS ET LES JOURS

Incestes

par Marcel AYMÉ

La Loterie de Lille

LA VIE DES SPORTS

Marcel et Carmelo

La lutte contre le feu

LES MOTS CROISÉS DE TRISTAN BERNARD

PROBLÈME N° 74

SOLUTION DU PROBLÈME N° 73

Le 24 octobre 1934, dans *Marianne*, en première colonne de la rubrique « Les plaisirs et les jours » si peu adaptée ici, Marcel Aymé dénonce le verdict du procès Nozière. Source : RetroNews-BnF.

PARTIE III

« Avortées » et « avorteuses » : le scandale de « l'agence » des Batignolles

CHAPITRE 7

« Apportez-nous de la dentelle » (les faiseuses d'anges devant les tribunaux)

Par Michèle PEDINIELLI

Ils sont nombreux, trop nombreux. En fait, *elles* sont trop nombreuses. Habituellement, dans cette salle d'audience de la cour d'assises de la Seine, les prévenus prennent place sur le banc qui leur est réservé, séparés chacun par un gendarme. En ce 16 novembre 1891, 53 personnes (dont seulement 2 hommes) vont s'y entasser pour un procès extraordinaire, celui d'une « agence d'avortement » des Batignolles.

L'arrivée des 51 accusées dans la salle d'audience fait d'ailleurs sensation :

> Puis, les femmes arrivent, comme en se culbutant, poussées les unes sur les autres, avec leur mouchoir sur les yeux, en châles, en mantelets, en chapeaux, en toquets. Il y en a qui ne pleurent pas, mais qui ont l'air de mauvaise humeur, d'autres qui ricanent, d'autres qui sont impassibles, d'autres qui fouillent du regard au fond de la salle, d'autres qui s'assoient vite pour se cacher derrière leurs voisines. [...] Et il en sort toujours de la porte, elles s'empilent sur les gradins, se tassent, s'arrangent, et finissent par former dans la tribune comme un jeu de massacres de poupées humaines qu'on va lapider de balles dans la figure et renverser sur le dos[1].

Le flot des accusées semble ne jamais se tarir : grandes ou petites, minces ou rondes, le front haut ou l'œil rougi de pleurs, « pâleur ou vermillon ». Dans cette salle de tribunal transformée en immense bazar, on doit tout de même en laisser partir une, fortement enceinte :

> Une femme se présente, avec un ventre proéminent. Elle est sur le point d'accoucher, cette « avortée ». Son avocat obtient qu'on ne la mette pas en cellule, l'événement menaçant de s'accomplir dans la nuit même. Croyez-vous ce pauvre enfant né à la Conciergerie[2] !

Celles qui restent ont entre 24 et 32 ans, et une condition sociale modeste en commun. *La Cocarde*, quotidien démocrate-chrétien, a recensé les métiers des prévenues :

> Nous avons relevé les professions. Il y a 11 domestiques, 4 cuisinières, 2 porteuses de pain, 1 femme de ménage, 1 ouvrière en fabrique, 2 bouchères étables, 4 concierges, 2 couturières, 1 fleuriste au panier, 1 libraire en boutique, 1 modiste, 3 filles soumises[3] et les autres sont des personnes dans leur intérieur, compagnes de petits employés ou d'ouvriers peu aisés[4].

Parmi ces femmes et ces deux hommes qui s'entassent dans cette salle d'audience, y compris sur les bancs généralement dédiés à la presse judiciaire, le jury doit distinguer trois types d'accusés : les femmes avortées « qui sont à la fois victimes et coupables[5] », les rabatteurs et rabatteuses qui ne sont que complices et, enfin, les « auteurs directs du crime d'avortement[6] » : Constance Thomas et Abélard Floury.

La principale accusée, Constance Thomas, a été la première à entrer dans la salle. Elle s'est assise face aux juges, au public et aux journalistes qui la détaillaient. Par ses clientes, par les voisins du quartier, elle a hérité d'un surnom dont va s'emparer la presse : « la Mort-aux-gosses ». Elle est avorteuse, « faiseuse d'anges » et, selon l'accusation, responsable de plusieurs centaines de « manœuvres abortives ». Si l'on en croit les journaux, elle et son ex-amant Floury auraient pratiqué 10 000 opérations en vingt ans d'activité. « Cette femme a coûté plus cher à Paris qu'une épidémie de choléra, si cette évaluation est exacte[7] », s'exclame *Le Petit Journal*. Si la presse souligne que Floury, surnommé « le Beau Blond », a lui-même pratiqué des opérations abortives, c'est Constance Thomas qui retient avant tout l'attention.

Chaque reporter y va de sa description la plus infamante : « petite, bossue, difforme, au physique repoussant malgré des yeux vifs et perçants[8] » pour *Le Public*, « dont le masque jaune et laid rappelle à s'y méprendre la femme Berland[9] [condamnée dans l'assassinat d'une vieille dame quelques mois plus tôt] », selon *Le Rappel*. Dans *Gil Blas*, le chroniqueur Maurice Talmeyr nuance un peu son propos après avoir affirmé quelques jours auparavant :

> Sa figure terreuse et écrasée est une des laideurs les plus caractéristiques collectionnées par l'anthropométrie. Tous les vices semblent s'excréter des rides et des veines de sa face ronde, et toutes les gloutonneries ont l'air de respirer par les narines de son nez d'homme[10].

N° 23. — PREMIÈRE ANNÉE — 8 Pages, 5 centimes — DIMANCHE 29 NOVEMBRE 1891

ABONNEMENTS :
Trois mois. . . . . . . 1 fr.
Le N°, 5 centimes

Étranger, frais de poste en plus

GIL BLAS
ILLUSTRÉ

Amuser les gens qui passent, leur plaire aujourd'hui et recommencer le lendemain. — J. JANIN, *préface de Gil Blas.*

PLACE DE L'OPÉRA

ANNONCES ET RÉCLAMES

8, rue Gluck

LE PROCÈS DES AVORTEUSES
LA DERNIÈRE VICTIME

LE GRAND VOYOU ET CONSTANCE THOMAS

(Dessin de Steinlen)

En une au moment du procès : Constance Thomas et son amant (son « grand voyou ») en train d'œuvrer chez une avortée. *Gil Blas illustré*, 29 novembre 1891. Source : Gallica-BnF.

À l'ouverture du procès, Constance Thomas a presque retrouvé figure humaine à ses yeux :

> Elle n'est plus la femme repoussante qu'elle était au moment de son arrestation. Sa bouche, assurément, se fend toujours large et mince dans sa figure ronde, et son grand nez tordu s'évase toujours gloutonnement dans sa physionomie mobile, mais le teint s'est éclairci, elle est propre, bien vêtue, avec une bonne pèlerine sur les épaules, les mains dans des mitaines, et les pans de dentelle en oreilles d'épagneul qui encadrent son visage encore mauvais, lui donnent presque l'air d'une petite vieille respectable[11].

Maurice Talmeyr va suivre tout le procès pour *Gil Blas*, et publie, quelques mois plus tard, un livre recensant les affaires judiciaires sur lesquelles il a travaillé, intitulé *Sur le banc*, recueil de ses chroniques de presse, augmentées d'enquêtes et de témoignages. Dans le chapitre intitulé « Les avorteuses de Paris », il rédige un portrait à charge de Constance Thomas et de son complice Floury, de cette « monstrueuse agence » qui a délivré des centaines de femmes de maternités non désirées, et dont le mot de passe pour fixer un rendez-vous était « Apportez-nous de la dentelle » :

> On lui écrivait simplement : « Apportez-nous de la dentelle », ou « Nous irons voir vos dentelles », ou « La dentelle que vous nous avez vendue ne convient pas, veuillez en apporter d'autres ». Il fallait lire : « Venez », ou « J'irai chez vous », ou « La première opération n'a pas réussi, revenez pour en faire une autre[12] ».

Il y dépeint assez complaisamment une misère crasse où le viol, la violence et l'alcoolisme semblent régir les rapports entre humains. Au milieu des détails nombreux, gratuitement immondes et probablement inventés, le journaliste pointe cependant une vérité sociale révélée par la situation catastrophique des femmes désireuses d'interrompre leur grossesse : l'avortement touche toutes les couches de la société.

> Dans toutes les classes, en haut, en bas, chez les pauvres, chez les riches, on s'avortait comme on se purge. [...]
> Assez ! Assez ! dit un jour à la Police M. le juge d'instruction Poncet épouvanté, c'est assez !... Assez, assez !... N'arrêtez plus ! [...]
> Et on avait, en effet, ouvert une fissure terrible. Toute la société y coulait ! On finissait par se demander si la Troisième République n'allait pas filer par là...

Il est d'ailleurs précisé lors de l'audience que Constance Thomas pratiquait des tarifs différenciés selon les moyens des unes et des autres : « Le prix des services était modeste comme la clientèle ; il variait de 25 à 5 francs et dépassait rarement 50 francs. Une fois, une seule ! Constance Thomas reçut d'une femme galante embarrassée 80 francs, mais ce fut là pour elle une aubaine exceptionnelle[13]. »

Cependant lors du procès de « la Mort-aux-gosses des Batignolles », seules les plus modestes et les plus pauvres des femmes ayant subi un avortement sont présentes sur le banc des accusés, toutes celles qui, selon le mot du *Petit Moniteur universel*, « étaient plus riches d'amour que d'écus ». Celles dont la position n'était pas assez influente pour échapper au coup de filet de la police qui était allée rafler les « avortées », dénoncées par les uns et les autres, y compris par Thomas et Floury eux-mêmes.

Au tournant du XXe siècle, l'avortement, bien qu'interdit, est en réalité si courant que les annonces de sages-femmes fleurissent dans les journaux. Ainsi, entre la publicité d'un guide pour soigner le bétail et les offres de service d'un scieur affûteur, on peut lire que « Mme Fagot, sage-femme jurée, reçoit des pensionnaires à toute époque de la grossesse, donne de bons soins. Discrétion et sécurité. Prix modérés. » Installées souvent aux abords des gares, à Paris, proposant parfois des chambres, elles reçoivent celles qui ne veulent pas de leur grossesse.

C'est ainsi que les bourgeoises ou, du moins, celles qui ont accès aux journaux y trouvent la solution à leur problème. Dans les sphères plus élevées, pas besoin de petites annonces, certains noms d'« accoucheuses » circulent et l'on se rend discrètement dans des maisons particulières à la nuit tombée. Les choses se passent en général en toute discrétion, sauf quand le scandale éclate, comme en novembre 1890 à Toulon lorsque le maire de la ville, Alphonse Fouroux, est arrêté pour complicité d'avortement. L'enquête montre qu'il a incité sa maîtresse, Jeanne de Jonquières, mariée à un officier de marine, à se débarrasser de l'enfant illégitime qu'elle portait. *Via* son amie Mme Audibert, Fouroux contacte la femme Laure, « accoucheuse », qui met fin à la grossesse dans son propre appartement. Au procès, après avoir nié être

GRANDE USINE

Comprenant : 3,000 mètres de terrain, vastes constructions, magasins, bureaux, remises, écuries, etc.

A VENDRE OU A LOUER

L'usine en question devant être transférée prochainement route de Langres.

S'adresser rue de Gray, 31 et 33.

2045

OFFRE INTÉRESSANTE

Si vous désirez vendre *Fonds de Commerce*, *Industries*, *Propriétés* (quels que soient le genre et l'importance de l'affaire). Si vous cherchez *Commandite*, *Association* ou *Prêt*, il faut écrire de suite à l'*Union Commerciale et Immobilière*, 5, rue Cambon, Paris, qui, par retour du courrier, vous fera une offre gratuite et avantageuse. Discrétion garantie. Maison recommandée (13e année).

4723

Mme FAGOT sage-femme jurée, reçoit des pensionnaires à toute époque de la grossesse, donne de bons soins. Discrétion et sécurité. *Prix modérés.*

28, Rue Colson, à DIJON

4671

Un Livre Pratique

qui devrait être entre les mains de tous les possesseurs de Chevaux et de Bétail, c'est LE

VÉTÉRINAIRE POPULAIRE

NOUVELLE ÉDITION

Superbe volume de 540 pages avec 150 fig.

par J.-E. GOMBAULT,

Ex-Vétérinaire des Haras de France.

MÉDAILLE D'ARGENT

Société des Agriculteurs de France 1886

Dans cet ouvrage simple et pratique, sont décrites dans l'ordre alphabétique les principales

Maladies des CHEVAUX, du BÉTAIL et des CHIENS

avec les causes, les symptômes, le traitement rationnel. Viennent ensuite, la loi sur les vices rédhibitoires avec conseils aux acheteurs ; la police sanitaire des animaux, lois, décrets, règlements, formalités à remplir pour obtenir les indemnités dues dans certains cas ; la connaissance de l'âge dans les diverses espèces avec de nombreux clichés ; les divers systèmes de ferrures et les formules des médicaments les plus usuels.

Prix : 5f65 *franco poste, contre mandat adressé à* E. GOMBAULT, à NOGENT-SUR-MARNE (Seine).

UN BON SCIEUR AFFUTEUR

demande place, bonnes références. S'adresser à M. G. Béal, à Marnay (Haute-Saône).

8

Petite annonce pour une sage-femme avorteuse qui assure « discrétion et sécurité » dans un message à peine voilé. *Le Petit Bourguignon,* 10 janvier 1905. Source : RetroNews-BnF.

au courant de la pratique abortive, Alphonse Fouroux doit avouer en être à l'origine, puis s'être rendu à Paris afin de se créer un alibi pendant que sa maîtresse subissait un avortement particulièrement douloureux. Le verdict du

11 janvier 1891 est plus sévère pour lui que pour les trois femmes :

> Après trois heures de délibération, le jury rapporte un verdict affirmatif à l'égard de tous les accusés. Des circonstances atténuantes sont accordées aux femmes de Jonquières, Audibert et Laure.
> La Cour condamne Fouroux à cinq ans de réclusion ; la femme Laure à trois ans de prison ; la femme de Jonquières à deux ans et la femme Audibert à dix-huit mois de la même peine.
> Tous les accusés, sauf la femme de Jonquières, sont condamnés envers M. de Jonquières, partie civile, à 1 franc de dommages-intérêts[14].

C'est un des rares procès qui pointent la responsabilité masculine dans la question de l'avortement. Car dans l'affaire de « la Mort-aux-gosses » des Batignolles, toutes les femmes présentes sont sommées de s'expliquer publiquement l'une après l'autre sur les raisons de leur « crime ». Contraintes d'exposer une situation misérable - les cinq enfants déjà difficiles à nourrir, une infidélité, un viol... Certaines d'entre elles balbutient lors de leur interrogatoire, un mouchoir crispé sur la bouche, avant de se rencogner sur le banc, d'autres affichent un calme apparent qui désarçonne les observateurs. D'autres, plus véhémentes, protestent à voix haute sur le traitement qu'on leur fait subir. Mais l'une d'entre elles expose quand même le problème savamment éludé depuis le début du procès, en s'écriant : « Ce n'est pas juste de m'arrêter toute seule, [...] mon amant est aussi coupable que moi, c'est lui qui m'a rendue grosse et c'est lui encore qui m'a conseillé de me délivrer avant terme[15]. »

En une du supplément illustré du *Petit Journal,* « les quatre accusés sur le banc d'infamie » : M. Fouroux, Mme de Jonquières, la sage-femme Joséphine Laure et Mme Audibert qui a permis la mise en relation. *Le Petit Journal supplément illustré,* 10 janvier 1891. Source : RetroNews-BnF.

Et pour les couples mariés ? Les maris sont parfaitement au courant, semblent découvrir les chroniqueurs dans le même journal : « C'est un fait digne de remarque, dans la plupart des cas, le mari est consentant. C'est lui qui fait les démarches. »

L'un des rares quotidiens à pointer du doigt cette responsabilité masculine est *Le Prolétaire*, qui dénonce à cette occasion la condition misérable des servantes violées par le maître ou le fils du maître et renvoyées en cas de grossesse :

> Et, s'il était possible de rechercher les causes de semblables opérations, ne s'apercevrait-on pas que ces grossesses sont souvent l'œuvre de bourgeois, fils de famille abandonnant sans scrupules la fille qu'ils ont mise à mal, la plantant là pour aller recommencer autre part ce qui leur a déjà si bien réussi ?... [...]
>
> Allons donc, messieurs les bourgeois, vous demandez là l'impossible... Mais, puisque vous semblez si bien intentionnés, ne soyez plus malthusiens ; faites des enfants, car vous avez plus que nous les moyens de les élever... Ou bien alors, si la population dont vous êtes en partie les auteurs vous lient tant à cœur, décrétez l'abolition du mariage et mettez tous les enfants, d'où qu'ils viennent, à la charge de la commune ou de l'État[16].

Cependant, pour « l'organe officiel des travailleurs socialistes de France », la domination est sociale, non de genre, et le journal n'effectue aucune remise en cause des ouvriers qui ont envoyé leur compagne entre les mains de Constance Thomas pour se débarrasser d'une nouvelle bouche à nourrir.

Le procès des Batignolles, remarquable par l'ampleur du nombre d'accusées, ou celui du scandale de Toulon (qui impliquait un notable) ne sont bien sûr pas des cas uniques. Régulièrement, les chroniques judiciaires se font l'écho des pratiques abortives lorsque les « faiseuses d'anges » sont arrêtées. Les détails sordides et sanglants ne freinent pas les rédacteurs qui étalent les différentes méthodes employées dans les cuisines, les salons ou les chambres par celles et ceux (car il y a des hommes avorteurs) qui représentent la dernière solution face à une maternité non désirée. On s'extasie presque sur leur ingéniosité à n'utiliser parfois qu'une tringle, une aiguille à tricoter, un cintre pour « faire passer l'enfant », quand le matériel médical est inexistant. La souffrance des femmes, charcutées ainsi sur un coin de table et dans des conditions d'hygiène inexistantes, est rarement évoquée. Mais il existe globalement un sentiment populaire de compassion envers elles. Quand les « faiseuses d'anges » et les « avortées » sont sur le banc des accusés, ces dernières sont très souvent relaxées, comme le rappelle *L'Éclair* :

> On se refuse, même au Palais, à voir dans ces femmes des criminelles bien coupables. Le personnel les entoure d'une sympathie miséricordieuse. D'ailleurs, cela ne fait aucun doute pour personne : toutes ces avortées seront acquittées ; on ne retiendra que la faiseuse d'anges et ses complices[17].

Le procès des Batignolles est l'occasion pour certains journaux progressistes de poser la question du droit à l'avortement. Dans *La Presse*, ce droit est présenté comme la « moins mauvaise solution » par l'éditorialiste Paul Brulat :

Si on l'examine attentivement, non pas au point de vue légal, mais au point de vue humain, qui est bien autrement intéressant, on est obligé de reconnaître qu'il est des cas où l'avortement ne saurait constituer un crime, où il est la meilleure ou, si vous voulez, la moins mauvaise solution d'un état de choses malheureux, d'une situation intolérable pour la femme. [...] D'abord, la misère, la crainte, la certitude de ne pas pouvoir nourrir, élever l'enfant qui va venir au monde. C'est ainsi que, parmi les malheureuses qui sont inscrites sur le registre de la femme Thomas, figure le nom d'une femme du peuple, mère déjà de sept enfants et dont le mari gagnait trois francs par jour[18].

La Ligue de l'affranchissement des femmes, présidée par la militante féministe Marie-Rose Astié de Valsayre, publie alors un court communiqué dans ce sens :

Attendu que l'état social, non content de faire à la fille-mère une honte de sa maternité, lui laisse les enfants à élever, bien que lui ôtant tout moyen de subvenir par son travail manuel à sa seule subsistance ! Déclare que l'état social donne ainsi à la femme le droit de l'avortement et qu'il y a, en conséquence, lieu d'acquitter toutes les accusées, qui sont des victimes et non des coupables[19].

Communiqué repris par peu de journaux et invariablement moqué sur le même thème : « Vous ne voulez pas d'enfants, mesdames ? N'en faites pas[20] ! »

Mais c'est dans le *Gil Blas* du 4 novembre 1890 (soit juste après le procès de Toulon) que l'on lit le plaidoyer le plus enflammé, sous la plume de la journaliste Séverine :

> Avant, il y a une femme – et rien qu'une femme, vous m'entendez bien !
> Cela est si juste qu'en cas d'accouchement difficile les médecins n'hésitent pas : ils sauvent la mère et laissent l'enfant dans le néant !
> On les étonnerait rudement, ceux-là, en les traitant d'avorteurs !
> — Mais la repopulation ? disent les économistes.
> La repopulation, misérables hypocrites, qu'a-t-elle à voir là-dedans – et comment osez-vous prononcer ce mot ?
> La repopulation ! Que fait-on donc pour les nombreuses familles, les « tiaulées » de dix, douze moutards qui, dans votre état social, ne trouvent ni de quoi se nourrir, ni même de quoi se loger ? [...]
> Que fait-on pour les chefs des nombreuses lignées. Où est leur récompense, l'encouragement qu'on leur offre, l'appui qu'on leur accorde, l'aide qu'on leur prodigue, l'allégement de leurs charges, de leurs pesants devoirs, de leurs écrasantes obligations ?
> Rien. La peine, la misère et le suicide au bout – voilà leur lot !
> Avant que d'imposer les célibataires ou que d'aller fouiller dans le panier à linge sale des sages-femmes, la loi ferait vraiment bien de payer ses dettes[21] !

Mais les défenseurs du droit à l'avortement sont rares dans la presse. La majorité des journaux préfèrent, au mieux, s'inquiéter des mères que l'on abandonne à leur sort, comme le journaliste Jean Frollo, dans son éditorial « Pour les mères » du *Petit Parisien* :

> On a oublié une classe de malades, bien intéressantes cependant, puisque la France est à la veille de manquer

« Pleurez pas tant, ma petite... Il est mieux là qu'à l'Assistance », dit la légende de ce dessin, ponctué dans sa version originale de taches de couleur rouge très explicites. *L'Assiette au beurre*, numéro spécial sur les « faiseuses d'anges », 13 avril 1907. Source : Gallica-BnF.

> d'hommes, et cela fait que la femme est moins favorisée que les bêtes. Le fermier entoure de soins ses juments et ses vaches ; il leur donne une nourriture choisie, leur épargne les grandes fatigues et les heurts ; et c'est le moment que la société choisit pour se montrer plus impitoyable pour la femme.
> Ne pourrait-on pas créer des asiles pour femmes enceintes, où ces malheureuses attendraient l'heure de l'admission dans les hôpitaux en travaillant selon leurs forces[22] ?

D'autres chroniqueurs s'inquiètent de la mansuétude dont font preuve les tribunaux à l'égard des femmes qui avortent. Au nom du risque de « dépopulation » qui menacerait le pays, *La Presse* se demande s'il ne faudrait pas faire passer le crime d'avortement devant des tribunaux correctionnels, car les jurys populaires ont tendance à laisser ces femmes bien trop tranquilles :

> Cela, d'ailleurs, est si vrai, que plusieurs jurisconsultes ont demandé, devant le développement considérable des avortements et l'indulgence de plus en plus grande des jurys, que ces affaires d'avortement sortent du ressort de la cour d'assises pour entrer dans celui des tribunaux correctionnels, qui, moins accessibles aux sentiments d'humanité peut-être exagérés, édicteraient des peines plus sévères. Seul moyen d'enrayer cette sorte d'épidémie qui contribue, plus que tout autre moyen, à la dépopulation de la France dont tous les bons esprits s'inquiètent à juste titre[23].

Le 1er décembre 1891, le tribunal condamne effectivement Constance Thomas et Abélard Floury à, respectivement, douze et dix ans de travaux forcés et relaxe toutes les « avortées ». La saignée de la Grande Guerre va conforter les craintes des tenants de la « dépopulation ». L'avortement devient un péril encore plus grand, susceptible d'affaiblir la France face à ses ennemis, l'Allemagne en particulier. Un péril national qu'il va falloir punir beaucoup plus sévèrement. Le 31 juillet 1920, les parlementaires votent une loi interdisant toute propagande pour les méthodes anticonceptionnelles et l'avortement. Le 23 mars 1923, l'avortement devient un délit pénal, jugé par des juges professionnels, réputés moins « laxistes » que les jurys populaires. En 1927, Henriette Alquier et Marie Guillot, des Groupes féministes de l'enseignement laïque, sont jugées – puis relaxées – pour avoir publié un rapport favorable au contrôle des naissances : « Nous avons, nous femmes, notre mot à dire dans une telle question. Seules des femmes pourraient d'ailleurs juger la douleur et les misères des natalités multiples[24]. »

La répression contre les femmes qui pratiquent l'avortement et celles qui le subissent s'accroît sous le régime de Vichy, où un tribunal d'État créé le 7 septembre 1941 prononce des peines très au-delà de celles prévues par la seule législation : réclusion ou travaux forcés jusqu'à la perpétuité, voire peine de mort. Le 30 juillet 1943, Marie-Louise Giraud, blanchisseuse de Cherbourg, est guillotinée à l'aube pour « manœuvres antinatalistes[25] ». Puis ce sera le cas de Désiré Piogé (maréchal-ferrant et hongreur) en octobre de la même année.

La fin de la guerre n'est pas synonyme de relâchement des poursuites contre les « faiseuses d'anges » car le redressement de la natalité fait consensus au sein des partis de la Résistance. Il faudra attendre le procès de Bobigny en 1972 pour que cessent les poursuites. Et la loi Veil du 17 janvier 1975 pour que l'avortement soit dépénalisé.

CHAPITRE 8

L'avortement criminel dans la presse

Par Claire Blandin et Fabrice Cahen

Les efforts pour faire disparaître l'avortement de l'espace public

Le 31 juillet 1920, les parlementaires français votent une loi interdisant toute propagande en faveur des méthodes anticonceptionnelles et de l'avortement. Cette adoption est facilitée par le contexte démographique : la saignée de la Grande Guerre permet de renforcer les arguments des militants natalistes s'alarmant, depuis les années 1870, de la baisse de la natalité. La loi est également liée à la panique morale provoquée durant le conflit par la proposition d'autoriser les femmes violées par l'ennemi à accéder, de manière dérogatoire, à l'avortement. Le journal *Le Matin* rappelle ce contexte :

> Le gouvernement, on le sait, s'est ému de la propagande anticonceptionnelle faite en particulier dans les régions frontières [...]. Le garde des sceaux vient d'adresser aux procureurs généraux une circulaire leur recommandant la plus attentive vigilance, cette propagande ne devant pas rester impunie[1].

Cette loi de 1920 vise avant tout à démanteler le mouvement néo-malthusien, dont les militants prônent la libre maternité et diffusent des moyens anticonceptionnels. Elle limite de fait les possibilités d'expression, mais ne fait pas disparaître pour autant l'avortement et les pratiques contraceptives de l'espace public : l'information et les messages qui s'y rapportent continuent de circuler dans la société, notamment par voie de presse, à travers les petites annonces ou les faits divers.

C'est d'ailleurs un problème qui demeure pour tous ceux qui veulent essayer de contrôler ces « mauvaises conduites » : faut-il complètement taire l'existence du contrôle des naissances et de l'avortement ou les dénoncer ? Le fait divers, le récit du crime ne risquent-ils pas d'influencer la population et de faire exister la pratique dans les esprits, ne serait-ce qu'en tant que possibilité ? Malgré les efforts de nombreux journalistes, dans la presse dominante, pour entretenir la réprobation morale à l'égard des pratiques « criminelles » en matière de natalité et de maternité, les journaux aident de fait à accéder aux avorteurs et avorteuses. Des petites annonces plus ou moins « codées » émanent notamment de sages-femmes proposant assez explicitement leurs services. Comme évoqué dans le récit, ces dernières sont souvent judicieusement installées à proximité de lieux de transit, comme les gares parisiennes. En témoignent ces deux annonces parues dans *La Lanterne* le 9 mai 1901 : « Sage-femme [...] Cons. 1 à 4. Dames enceint. Stéril. (discrétion absolue), 120, Bould Magenta, près gares Nord et Est. » ; « Les Perles Magiques Mesdames - évitent les douleurs, retards et suppressions des époques et les font revenir sans danger[2]. »

En dernière page de *La Lanterne*, le 9 mai 1901, on trouve, à côté d'une publicité pour une revue Hachette et une autre de location de voiture, deux annonces pour des sages-femmes avorteuses. Source : RetroNews-BnF.

L'accès à l'information se fait aussi par des réseaux et canaux extrêmement variés, à commencer par des circuits informels : bouche-à-oreille, conseils transmis par les camarades d'usine ou d'atelier... Mais c'est d'abord la presse qui focalise l'inquiétude des militants anti-avortement. Le leader nataliste Fernand Boverat consacre ainsi une partie de son temps et de son énergie à faire la chasse aux petites annonces suspectes. Il va jusqu'à écrire personnellement aux différents propriétaires des journaux pour obtenir leur interdiction au titre de la loi de 1920. La lutte contre l'avortement ne se réduit cependant pas à la seule répression. Elle passe également par la prévention – bien que le terme soit un peu anachronique – et l'éducation morale ou, sur un plan plus administratif, par la régulation des professions, notamment celle de sage-femme.

Une presse majoritairement hostile à l'avortement jusqu'aux années 1950

La presse est-elle massivement anti-avortement et moralisatrice ? La réponse est oui. La grande presse populaire, qui domine largement cette période, est certes une presse apolitique et non partisane, mais elle soutient très massivement les valeurs de la Troisième République. Si celles-ci sont d'abord politiques – c'est notamment l'idée de la Revanche, qui fait suite à la défaite contre la Prusse en 1871 –, ces valeurs sont aussi morales : la lutte contre toutes les pratiques de contraception, dont l'avortement, est précisément l'un des moyens de cette Revanche. Il ne faut pas oublier qu'à la Belle Époque les journaux sont des médias de masse : les grands quotidiens populaires tirent chacun à plus de 1 million d'exemplaires, ce qui fait 5 millions de tirages quotidiens, pour une population totale de moins de 40 millions d'habitants. Les représentations collectives y circulent de manière très marquée, et le fait divers y est un ressort essentiel de la projection des valeurs de la République.

Dans ce contexte, l'avorteuse – la « faiseuse d'anges » – est un archétype proche de celui de la sorcière. Dans sa description de la veuve Ducasse, qui comparaît devant la cour d'assises de la Seine en avril 1877, *Le Droit* – qui se présente comme « le journal des tribunaux » et relate les affaires judiciaires – souligne la couleur de cheveux inhabituelle de l'accusée étant donné son âge, comme s'il y avait là quelque chose de magique, et donc de maléfique, dans l'ensemble de sa personnalité :

> La veuve Ducasse a d'abord été blanchisseuse, puis prêteuse d'argent ; enfin elle s'est livrée sur une grande échelle à des manœuvres abortives. Bien qu'elle soit âgée de soixante-dix ans, ses cheveux ne sont pas blancs, mais seulement gris. Elle est vêtue de noir. Sa tenue est convenable[3].

À une époque où la presse est peu illustrée et comprend quelques gravures seulement – la photographie ne se généralisera qu'à partir des années 1920 –, les descriptions, physiques et morales, prennent une importance particulière, notamment au moment des procès. *Gil Blas* fait ainsi un portrait détaillé de Constance Thomas, qui cumule, dit-il, la laideur et le mauvais comportement qui remonte à la petite enfance :

> La petite Constance, à cette époque, se montrait déjà, paraît-il, d'une perversion de tempérament et d'une disposition aux coups de tête qui exaspéraient ses parents. Il y avait, dans la localité, une famille de gens besogneux, dont les enfants, des gamins et une petite fille nommée Thérèse, battaient les chemins du matin au soir, et Constance ne les quittait pas. Elle s'était faite l'amie et l'inséparable de cette Thérèse, s'était amourachée des frères à qui elle essayait de se livrer comme une femme dans les greniers et les écuries, et volait le pain et le lard de son père pour leur apporter de bons morceaux[4].

La suite de l'article évoque le placement de Constance chez son oncle médecin de village, parce que « le père Thomas, quand elle eut dix-huit ans, n'eut plus la force de supporter sa fille » ; là, elle se prend d'une passion pour les livres de médecine, malgré l'interdiction de les lire qui lui est faite par son oncle. Aux yeux du journal, elle est donc coupable d'une transgression de genre : elle agit comme un garçon et s'empare d'un pouvoir médical.

Gil Blas ne fait pas partie des grands quotidiens, néanmoins tous jouent un rôle de régulateurs moraux. Ce sont eux qui énoncent la norme en termes de genres, à l'image de *La Lanterne*, journal très marqué par l'anticléricalisme et le républicanisme, qui véhicule un discours très normatif sur la place des hommes et des femmes dans la société.

La donne change après la Seconde Guerre mondiale : la presse connaît alors de profondes transformations, occupe une place nouvelle dans l'espace public et participe de la refondation de la République française et de la démocratie. Mais c'est surtout à partir de la fin des années 1940 que le discours sur l'avortement évolue : dans le contexte du baby-boom, l'argument de la dépopulation ne tient plus. Le mouvement la Maternité heureuse – qui deviendra le Mouvement français pour le planning familial – naît en 1956 : il est fondé par Marie-Andrée Lagroua Weill-Hallé, qui est médecin et a vu aux États-Unis l'émergence du planning familial, et Évelyne Sullerot qui est, elle, sociologue et jeune mère de famille nombreuse. Les discours autour de la régulation des naissances vont s'accommoder de ces nouvelles formes de maternité.

L'avortement dans les tribunaux : de la cour d'assises au tribunal correctionnel

Jusqu'en 1923, le crime d'avortement est jugé aux assises. Il relève à partir de cette date des tribunaux correctionnels et donc de juges professionnels. La loi du 21 mars 1923 répond en effet à la volonté de soustraire les affaires d'avortement à des jurys populaires supposés trop cléments : les jurés se refusaient à accabler la jeune fille abusée par un « lâche séducteur » ou la mère de famille nombreuse en situation de pauvreté. Mais depuis la fin du XIXe siècle, le portrait type des femmes comparant en justice pour s'être fait avorter a évolué, ce qui renforce les appels à une répression plus sévère.

La très médiatisée affaire Thomas de 1891 contribue à ce tournant. Le procès compte un nombre impressionnant d'accusées, parmi lesquelles les clientes de la « faiseuse d'anges » des Batignolles. Le nombre et la diversité sociale des femmes mises en cause - des filles des bas-fonds jusqu'aux bourgeoises en manteau de fourrure - sont interprétés par la presse comme le signe que l'avortement est devenu un phénomène de masse qui gangrène la société dans son ensemble : il ne se limite plus aux marges sociales et aux femmes surchargées d'enfants et incapables financièrement de les élever. Il est vrai que l'avortement fait partie de ces phénomènes qui sont, par définition, impossibles à mesurer précisément, et ce malgré le nombre considérable d'estimations chiffrées qui circulent à l'époque. Le procès de la veuve Thomas est perçu comme un instantané de la société : il semble confirmer l'impression, qu'ont alors les médecins, d'une diffusion de plus en plus large de la pratique.

À l'issue du procès, un certain nombre de militants, voyant tant de personnes acquittées, réclament des réformes en faveur d'une justice moins laxiste et plus efficace. La correctionnalisation, c'est-à-dire la rétrogradation d'un crime au statut de délit, est défendue pour la première fois à l'Assemblée, en 1891, par Georges Trouillot, député radical du Jura :

> Puisqu'on a voulu que l'avortement fût un crime, pourquoi la peine est-elle la même pour celui ou celle qui le pratique habituellement, par métier comme la femme Thomas, ou pour ceux qui s'y livrent de façon accidentelle et les personnes qui les subissent ? Il y a dans cette assimilation des accusés, dans cette confusion de la répression une atteinte manifeste à tout sentiment d'équité. [...] Je pense qu'il est indispensable, pour obtenir une répression équitable et surtout efficace, d'appeler des délits, non des crimes, certains cas d'avortements[5].

Cette proposition de loi en faveur d'un changement de juridiction est défendue à nouveau, en 1910, par le garde des Sceaux Louis Barthou et le sénateur Odilon Lannelongue. La Première Guerre mondiale interrompt les discussions, qui ne reprennent qu'en 1919. Et c'est finalement la loi de 1923 qui fait de l'avortement un simple délit, désormais jugé non plus par les cours d'assises, mais par les tribunaux correctionnels.

Le soutien à l'avortement : de Séverine à la presse féminine

Dans les années de l'affaire Thomas, la presse rapporte fréquemment, parmi ses faits divers, des affaires de morts d'« enfants », qu'il s'agisse d'infanticides - avec des cadavres de bébés enterrés dans les jardins - ou d'avortements. Séverine, dont l'engagement est social, voire socialiste au sens qu'a ce mot à la fin du XIXe siècle, lie étroitement les deux :

> L'avortement ! Je voudrais bien qu'on me dise, d'abord, où et quand il commence ? J'ai peu habitué les lecteurs du *Gil Blas* à leur en conter de raides ; mais, vrai, il me coûte, cette fois, de mâcher mes mots. [...] Voyez-vous, l'avortement est un malheur, une fatalité - pas un crime. La législation n'a pas droit de punir ce qui est son œuvre, son œuvre à elle seule. Tant qu'il y aura, de par le monde, des bâtards et des affamés, le drapeau de Malthus - le drapeau taché de sang des infanticides avant la lettre - flottera sur ce troupeau d'amazones rebelles qui, forcées par vos lois de tenir leurs seins arides, ont droit de garder leurs flancs inféconds[6] !

Cet extrait montre une manière d'appréhender l'avortement qui anticipe le discours qui sera celui d'une partie de la presse, encore après la Seconde Guerre mondiale : l'avortement est perçu comme un phénomène social, qui traverse toutes les classes et concerne toutes les femmes - ou du moins un grand nombre d'entre elles. C'est l'argument qui sera utilisé par les féministes pour pousser à sa légalisation.

Au tournant du siècle, la presse féminine n'est pas encore un espace de circulation des discours féministes ni d'ailleurs de dialogue entre les femmes. Le féminisme de la première vague y occupe une place très restreinte, comme l'a montré Colette Cosnier dans ses travaux consacrés à *Femina*, premier journal féminin à diffuser des photographies au tout début du XXe siècle. La presse féminine est alors une presse de contrainte, une presse de « devoir des femmes » (Évelyne Sullerot), et non une presse de confidences. Elle véhicule bon nombre de stéréotypes et se consacre principalement à la mode – à l'image du *Petit Écho de la mode* qui en est le titre phare – ou aux conseils sur l'éducation des enfants. *La Fronde*, de Marguerite Durand, fait exception : il est le seul journal féministe à cette époque. Le 24 janvier 1903, il revient sur les causes des avortements :

> Ce n'est pas toujours par spéculation que l'avorteuse accomplit sa dangereuse besogne ; ce n'est pas non plus toujours par égoïsme ou lâcheté que l'avortée se confie aux mains sinistrement expertes. Rien de ce qui est profondément humain ne saurait être aussi simpliste. Souvent, ces « scandaleuses » affaires renferment plus de pitié, d'égarement, de révolte et de fraternité douloureuse que la pruderie bourgeoise ne saurait le penser[7].

Il faudra attendre l'émergence de la deuxième vague du féminisme, au milieu des années 1960, pour que la question du droit des femmes à disposer de leur corps devienne un enjeu politique. Les idées des militantes seront alors diffusées, à destination du grand public, dans des journaux comme *Elle* ou *Marie-Claire*.

La répression de l'avortement au nom de l'impératif de repopulation

Dans la question de la lutte contre les avortements clandestins, le problème de la dépopulation est un argument massue. Il permet de légitimer le combat à une époque où la société se laïcise et où tenir un discours moral à la tonalité religieuse trop affirmée devient plus difficile. Le thème démographique constitue donc un ressort stratégique fondamental. Tout le travail des combattants anti-avortement à la période de la Belle Époque et de la Grande Guerre consiste à démontrer que la question de l'avortement est la clé du redressement de la situation démographique. Une fois ce subterfuge rhétorique énoncé, les politiques s'engouffrent massivement dans cette voie.

C'est sous le régime de Vichy que le paroxysme de la lutte anti-avortement est atteint sur le plan pénal et, surtout, en termes de nature et de sévérité des peines. Le 31 juillet 1943, Marie-Louise Giraud, « avorteuse », « condamnée à mort [...] pour manœuvres abortives[8] », est guillotinée à la prison de la Roquette, comme le relate *Le Cri du peuple de Paris.* Le journal collaborationniste commente : « Voilà qui fera réfléchir sans doute les affreuses mégères qui, jadis, sans crainte et sans remords, pratiquaient leur sinistre besogne. » Avant d'ajouter néanmoins : « Mais qu'une même sévérité atteigne les bourreaux d'enfants. » Cette répression violente qui sévit sous le régime de Vichy – mieux connue grâce au film de

Claude Chabrol, *Une affaire de femmes* – frappe également les avortées : elles sont nombreuses à aller en prison, ce qui ne s'était jamais produit jusque-là. Le phénomène de radicalisation se prolonge au-delà de la guerre, donnant lieu, encore à la fin des années 1940, à des milliers de condamnations par an. Cette radicalisation s'appuie sur l'existence, dans certaines agglomérations, d'une police spécialisée, et surtout sur un système de délation qui s'est ancré dans la société tout entière.

À partir des années 1950, la violence d'État fait l'objet d'une certaine réflexion critique, même au sein des réseaux anti-avortement. On se rend compte que la répression à outrance est inefficace et, à elle seule, insuffisante. Au vu des évolutions de la société et de l'attitude du corps social sur cette question, il apparaît désormais comme davantage pertinent de mobiliser des registres plus subtils : « éducation de la jeunesse », relation de proximité avec le médecin, la sage-femme ou l'assistante sociale, ou encore politiques familiales.

CHAPITRE 9

Plumes partisanes sur le terrain de l'avortement clandestin : revue de presse

Par Alice TILLIER-CHEVALLIER

Défense et illustration de l'avortement par Séverine en 1890

Un an avant l'affaire des Batignolles, un autre scandale lié à un avortement a fait la une de la presse : l'affaire de Toulon. Le 28 octobre 1890, Alphonse Fouroux, le maire de la ville, est arrêté dans sa loge de théâtre pour avoir aidé sa maîtresse à avorter.

Quelques jours plus tard, la journaliste Séverine, alias Caroline Rémy, publie (ici sous le nom de Jacqueline) un plaidoyer en faveur de l'avortement dans Gil Blas, *journal littéraire à la ligne éditoriale délibérément grivoise.*

La journaliste avait succédé à Jules Vallès à la tête du Cri du peuple *en 1885 et ses positions s'étaient faites de plus en plus libertaires et féministes. La rencontre avec Marguerite Durand, fondatrice du journal féministe* La Fronde *en 1897 et avec qui elle s'est liée d'amitié, avait été décisive.*

Après avoir retracé les grandes lignes de l'affaire de Toulon, Séverine s'en prend à l'État et à son injonction à la « repopulation ». L'article déclenche la polémique. Dans l'édition datée du même jour, le journal

Le Soir le qualifie d'« apologie de l'avortement ». Pour Séverine, qui répond à son tour, ce n'était qu'un « article un peu brutal mais profondément sincère ».

Le droit à l'avortement

Vous m'avez demandé, cher directeur et ami, mon opinion sur le drame de Toulon. C'était chose dangereuse – l'avis que je puis émettre étant d'une hardiesse à faire paraître ingénus et familiaux les contes les plus risqués publiés ici.

Car l'immoralité, vous le savez, est de deux sortes : celle qui chatouille en riant le nombril des sénateurs – celle-là, tous les régimes l'ont encouragée – et celle qui s'arrête, grave, devant certains problèmes, celle que n'inquiète pas la crudité du sujet, et qui marche dans l'ordure jusqu'aux reins, sans frisson et sans nausée, si quelque être s'y noie, en cette ordure, et appelle au secours de toute la force de son désespoir, de toute l'angoisse de son abandon.

C'est cette immoralité-là qui est mienne, et j'y vais donner libre carrière, audacieusement, cyniquement – étonnant les superficiels qui me considéraient un peu comme la vertu de la maison, mais ne surprenant point les autres, ceux qui, habitués à lire entre les lignes, comprendront que ce que j'écris aujourd'hui n'est que la résultante logique, absolue, implacable, de ce que j'écrivais hier.

* * *

Et, tout d'abord, un mot sur l'affaire elle-même, ce qu'on a appelé, dès le premier jour, le scandale de Toulon. Ah ! oui, un joli scandale, à l'actif bien moins des accusés que des magistrats, la dernière stupidité de la justice, la gaffe à Thémis, quoi !

Mais est-ce bien une gaffe ? Cela pue la vengeance à plein nez, la vengeance de province, rance et moisie, avec des relents de vieille demoiselle et des senteurs de robin irrité. Cela ressemble furieusement à la revanche d'une caste sur un adversaire hier puissant, la mise en pièces d'un homme par toutes les furies de la magistrature, de la « bonne société » – et de l'autorité maritime.

Car elle en est, l'autorité maritime, elle en est en plein. M. Fouroux avait été sous ses ordres, puis, libéré, avait combattu des abus qu'il connaissait d'autant mieux qu'il en avait souffert.

Rappelez-vous l'affaire Ginailhac ? Le maire soutint la population, et les journaux de la localité, contre l'arrogant sous-lieutenant – et en eut raison. Évidemment, l'autorité maritime ne pouvait nier l'évidence des faits, mais elle fut hors d'elle d'avoir à reconnaître et à châtier publiquement les torts d'un de ses subordonnés.

Enfin, madame de Jonquières est la femme d'un marin, la bru d'un contre-amiral. L'autorité maritime fut bien convaincue que ce choix n'avait d'autre motif que de la narguer, de l'atteindre dans son collectif honneur conjugal.

Étudiez cela attentivement – jamais la lutte entre l'élément civil et l'élément militaire n'atteignit pareil degré d'acuité sournoise, jamais élu d'une ville ne fut en butte à plus de haines, guetté par plus de pièges, miné par plus d'ongles tenaces, grattant le sol sous ses pas.

Lisez les détails communiqués d'abord – et si vite ! « M. Fouroux était républicain... et même républicain avancé... il avait su se rendre populaire. Les ouvriers des ports votaient pour lui... » Etc., etc.

Il y a autre chose, croyez-le, en cette affaire, que ce qu'on en raconte. Qui a dénoncé ? Qui a donné l'ordre immédiat des poursuites ? Ne parle-t-on pas aujourd'hui de concussions, de détournements, de lamentables et abominables calomnies qui ne tiennent pas debout !

Si bien que Ranc, Charles Laurent, d'autres encore, sont obligés de crier « Silence ! » et de rappeler ces furieux à la pudeur.

Le scandale de Toulon, savez-vous ce que c'est ?... C'est un roman de Malot, ourdi comme l'est le *Beau-Frère* ou le *Docteur Claude*, un monstrueux enchevêtrement de rancunes provinciales tissées autour d'un homme, et le ligotant, l'enserrant, l'étouffant.

Remarquez bien que je ne plaide pas non coupable. Il se peut très bien que M. Fouroux ait fait ce dont on l'accuse. Et puis après ? En administrait-il moins bien sa ville pour cela ?

Parmi ceux qui seront dans la salle de l'audience, le jour où il passera aux assises - si il y passe - tant juges que témoins, tant jurés qu'auditeurs, y compris les huissiers et les gendarmes, il y en aura plus de cent, entendez-vous, qui seront identiquement dans le même cas.

L'avortement ! Je voudrais bien qu'on me dise, d'abord, où et quand il commence ? J'ai peu habitué les lecteurs du *Gil Blas* à leur en conter de raides ; mais, vrai, il me coûte, cette fois, de mâcher mes mots.

L'homme qui se gare des suites d'une rencontre, la femme qui préserve immédiatement ses échéances futures, sont-ils donc des avorteurs ? En bonne logique, la loi devrait dire oui. Et avorteur aussi, Onan, le vilain homme qui semait son blé en herbe - ce qui n'a pas empêché d'ailleurs Israël de germer et de moissonner ! Mais, à ce compte, les collèges, les pensions, les casernes, les couvents, les navires, toutes les agglomérations d'adolescents, d'hommes, de femmes, où les sexes isolés s'appellent et s'illusionnent, sont des fabriques d'avortements.

Et à quel moment est-il légal, l'avortement, à quel moment ne l'est-il pas ?

L'Église est logique, au moins, dans ses interdictions, dans ses défenses ; mais le Code - ah ! le blagueur !...

Comme si la conscience - la seule loi du monde ! - faisait ces distinctions et s'abritait derrière ces subterfuges ! Dès qu'un être a été lâché sur la terre, si petit, si frêle, si touchant dans sa laideur et dans sa faiblesse, dès qu'il a vagi son premier cri, agité ses menottes, dénoué ses petons, il vit, il est sacré !

Avant, il y a une femme - et rien qu'une femme, vous m'entendez bien ! Cela est si juste qu'en cas d'accouchement difficile les médecins n'hésitent pas : ils sauvent la mère et laissent l'enfant dans le néant !

On les étonnerait rudement, ceux-là, en les traitant d'avorteurs !

— Mais la repopulation ?... disent les économistes.

La repopulation, misérables hypocrites. Qu'a-t-elle à voir là-dedans - et comment osez-vous prononcer ce mot ?

La repopulation ! Que fait-on donc pour les nombreuses familles, les « tiaulées » de dix, douze moutards qui, dans votre état social, ne trouvent ni de quoi se nourrir, ni même de quoi se loger ? Mon confrère Montorgueil, l'autre jour, en tête de *L'Éclair*, signalait un de ces faits à l'indignation publique. Écoutez ça.

> Il est, à Paris, un artiste, ouvrier de grand mérite, M. Maingonnat, habitant récemment, 13, rue Bayen, médaillé à l'Exposition de 1889 pour des tapisseries d'une finesse remarquable. Cet honnête et laborieux ouvrier a eu onze enfants ; il lui en reste sept. Depuis six semaines, il est sans logement, parce qu'on ne veut pas d'enfants dans les maisons où il s'est adressé ; il a loué un modeste appartement dans dix maisons successivement, il a remis au concierge dans chacune de ces maisons un denier à Dieu ; partout on le lui a rendu et on a refusé de le recevoir quand on a vu arriver ses enfants ; je citerai notamment les concierges de la rue Demours, 74 ; de la rue Poncelet, 3 et 10. Le commissaire de police, auquel il s'est adressé pour exiger l'exécution des locations verbales constatées par la remise des deniers à Dieu, a refusé d'intervenir. Voilà six semaines que dure le supplice de l'expulsion pour cause d'enfants ; pendant ce temps, le malheureux ouvrier a mangé ses économies, il n'a pu travailler à son métier de réparateur de tapisseries où il excelle : il a empilé sa pauvre famille dans la chambre de son vieux père, sauf sa femme et deux de ses filles qui sont à l'hôpital.

La repopulation ! Il faudrait prendre les ultimes excréments de la famille Hayem, pour en barbouiller ceux qui osent prêcher la reproduction aux meurt-de-faim !

Que fait-on pour les chefs des nombreuses lignées. Où est leur récompense, l'encouragement qu'on leur offre, l'appui qu'on leur accorde, l'aide qu'on leur prodigue, l'allégement de leurs charges, de leurs pesants devoirs, de leurs écrasantes obligations ?

Rien. La peine, la misère et le suicide au bout - voilà leur lot !

Avant que d'imposer les célibataires ou d'aller fouiller dans le panier à linge sale des sages-femmes, la loi ferait vraiment bien de payer ses dettes !

* * *

Moins de faubouriennes - même mariées - éviteraient un accroissement de postérité si le Paul à venir ne devait pas arracher le pain de la bouche de Jacques, Pierre et Jeanne. En se privant de tout, c'est la gêne ; un de plus, ce serait la misère. Elles se font quelquefois avorter par amour maternel, les ouvrières - on ne se doute pas de ça, dans l'économie sociale, ni dans la magistrature non plus !

Quant à celles qui risquent leur vie pour sauver moins leur réputation que le repos de ceux qui les entourent, elles sacrifient à un préjugé dont le Code seul est responsable, car ce n'est certes pas la nature qui en a eu l'idée.

Lorsque les hommes ont placé l'honneur des hommes sous le cotillon des femmes, ils auraient dû songer, en même temps, à ne pas imputer de crime et à ne pas frapper de châtiments tout acte commis par la femme pour sauvegarder l'apparence de cet honneur-là. Le contraire est illogique et cruel.

Puis, après tout, je le répète, elles risquent leur vie, celles qui refusent la maternité accrochée à leurs entrailles - et le danger anoblit les pires actions.

Être espion en temps de paix est vil et lâche ; être espion en temps de guerre est héroïque et noble. Les agents des mœurs sont honnis ; les agents de la Sûreté sont estimés.

Pourquoi ? C'est le même métier, cependant, il ne varie ni dans ses mobiles, ni dans ses conséquences.

Oui, mais le péril est là ! Les douze balles du peloton d'exécution, le surin de l'escarpe font blason - la mort donne l'investiture.

Cette chair qui a péché, la pécheresse l'offre à la tombe ; elle sait qu'elle peut mourir, elle sait qu'elle peut dépérir à jamais, perdre sa beauté, sa santé, sa force - et le mobile qui la fait agir est plus puissant que la révolte de son épouvante.

Si vous avez des pierres dans votre jardin, jetez-les-lui. Moi pas !

* * *

— Mais les coquettes, disent les bonnes gens, celles qui ont peur pour la finesse de leur taille et l'éclat de leur teint ?

Il en est peu, de celles-là. Les femmes, aujourd'hui, sont assez instruites pour savoir qu'un « accident » tardif les vieillit et les fane souvent autrement qu'une naissance. Et - chose gaie ! - les bonnes gens en question, qui élèvent leurs rejetons dans la vénération de la civilisation grecque, ignorent que le peuple d'Athènes votait l'avortement de Phryné, « ne voulant pas qu'un chef-d'œuvre aussi parfait risquât d'être abîmé ».

Nous n'en sommes pas là, mais elles pullulent les pauvres petites Phryné qui ne peuvent, vivant au jour le jour, s'imposer un chômage d'un an. La plupart des femmes galantes ont un enfant - la surprise des débuts - mais n'en ont plus par la suite. Il y aurait des désabonnements !

Exercer un autre métier ? Mais puisqu'il y a plus de doigts qu'il n'y a d'ouvrage, et que les travailleuses honnêtes crèvent de misère, faute de travail. Que viendrait faire cette concurrence au marché à besogne ? Il vaut bien mieux qu'elles restent ce qu'elles sont – et vengent les autres !

Puis leur inconsciente philosophie s'émeut du sort des petits qui naîtraient de leur alcôve. Des enfants à trente-six pères ? Des fils de filles ? De la chair à chagrin comme elles ont été de la chair à plaisir ? Ah ! non, par exemple ! Et leur moralité évite cette immoralité-là.

Voyez-vous, l'avortement est un malheur, une fatalité – pas un crime. La législation n'a pas droit de punir ce qui est son œuvre, son œuvre à elle seule.

Tant qu'il y aura, de par le monde, des bâtards et des affamés, le drapeau de Malthus – le drapeau taché de sang des infanticides avant la lettre – flottera sur ce troupeau d'amazones rebelles qui, forcées par vos lois de tenir leurs seins arides, ont droit de garder leurs flancs inféconds !

Jacqueline
Gil Blas, 4 novembre 1890.

GIL BLAS

SOMMAIRE

CORRESPONDANCES

LE DROIT

L'AVORTEMENT

NOUVELLES & ECHOS

Philosophie de la Gaieté

Le plaidoyer de Séverine en faveur du droit à l'avortement s'étale sur presque trois colonnes en une de *Gil Blas*, le 4 novembre 1890. Source : RetroNews-BnF.

L'enquête sordide de Gil Blas *sur l'affaire des Batignolles en 1891*

Une semaine avant l'ouverture du procès des Batignolles prévue pour le 16 novembre 1891, le même Gil Blas *dans lequel Séverine a défendu un an plus tôt l'avortement entame une chronique quotidienne intitulée « Les avorteuses de Paris », signée Maurice Talmeyr.*
Le journaliste est aussi écrivain et a publié notamment Le Grisou, *un roman d'inspiration naturaliste, ainsi qu'un pamphlet intitulé* Les Gens pourris. *Pour sa chronique consacrée à l'affaire, il a recueilli le témoignage de plusieurs avortées et dresse un portrait au vitriol de Constance Thomas, la principale accusée.*
L'article du 12 novembre s'était terminé en plein récit : « Au moment de la délivrance criminelle, [la Thomas] était toujours saisie d'une extraordinaire émotion. Quand elle voyait venir au monde ces germes de petits êtres [...], elle était prise de cris et de soupirs et tombait en évanouissement. » C'est sur ces « crises » que reprend la chronique le lendemain...

Les avorteuses de Paris (suite)

Ces crises, néanmoins, ne compromettaient rien. Elles se produisaient au moment où il n'y avait plus à agir, ne duraient qu'une minute, et elle n'en perdait pas une cliente. Les veuves, les femmes séparées, les jeunes filles, même certains ménages réguliers, venaient donc toujours à Constance, et la popularité du « petit flacon bleu » s'étendait de plus en plus dans Batignolles [*sic*]. Elle avait associé à ses intérêts tout un personnel de procureuses. Thérèse, des porteuses de pain, des concierges, la vieille fille connue dans les queues du Siège, lui envoyaient à chaque instant des personnes, et elle avortait à tous les prix. C'était deux francs, cinq francs, vingt francs, cinquante francs, cent, cent cinquante, deux cents francs, selon la position des femmes. Elle opérait même quelquefois pour un litre de cassis ; elle en avait la folie, et il fallait toujours en envoyer chercher pour la mettre de bonne humeur. Elle finit, tant sa clientèle augmentait, par se faire marchande en dentelle au panier. Rien, de cette façon-là, ne la gênait plus, elle n'avait plus de patron, et pouvait boire, s'ivrogner, racoler des hommes à sa guise. On pouvait aussi, à n'importe quelle heure, aller la prendre sous la porte où elle se tenait avec sa camelote, ou venir la relancer dans son lit, et il fut convenu avec les clientes et les procureuses que tout se passerait dorénavant sous le couvert de la dentelle. On lui écrivait simplement : « Apportez-nous de la dentelle » ou « Nous irons voir vos dentelles », ou « La dentelle que vous nous avez vendue ne convient pas, veuillez en apporter d'autres ». Il fallait lire : « Venez », ou « J'irai chez vous », ou « La première opération n'a pas réussi, revenez pour en faire une autre ».

Elle vivait ainsi de ce métier de sorcière depuis une dizaine d'années, se saoûlant, se prostituant, et promenant son flacon dans ses dentelles, quand il lui prit encore une folie pour un palefrenier nommé Floury. C'était un grand blond filasse, à mâchoire exorbitante, à grands yeux de gouape, une espèce de grand noceur dégingandé, à long cou, ordurier et bellâtre, et qui boitait d'un pied. Elle le rencontrait dans une maison de la rue de Lévis où ils habitaient tous les deux, il la reluquait pour sa « galette », et elle se jeta tout de suite à sa tête.

— Ah ! toi, t'es mon voyou, mon grand voyou !

Et son « grand voyou » ne la quitta plus. La clientèle continuait à grossir, ils se mirent à faire les avortements ensemble, et elle n'alla plus nulle part sans lui. Il était toujours là, préparait les instruments, tenait la cuvette, veillait à faire monter du cassis, la dessaoulait d'une calotte à l'occasion, et se précipitait, au dernier moment, pour la serrer contre lui, quand son « émotion » saisissait l'avorteuse.

— Ah ! mon voyou, mon grand voyou !

Et elle se câlinait, gémissait et s'évanouissait dans ses bras, pendant qu'arrivait au jour le petit être ensanglanté, puis elle revenait à elle, sortait de sa torpeur, rajustait son bonnet, et le « grand voyou », alors, étouffait, tuait, lavait, nettoyait et balayait tout.

Ils allaient ainsi en ville, dans tous les quartiers de Paris, on leur écrivait de partout, et on leur disait toujours :

« Apportez-nous de la dentelle... »

* * *

Un soir, Constance et Floury sont chez eux, quand deux bonnes frappent à la porte.

— De la part de qui venez-vous ? demande Floury.

L'une des bonnes lui dit un nom, puis elles expliquent toutes les deux qu'elles amènent une de leurs amies, domestique chez le baron de L., et qui est enceinte de son maître.

— Du patron !... Y a de la galette !... Et de combien de mois ?

— Six mois.

— Elle est là ?

— Oui.

Et elles font signe derrière elles : — Marie !... Viens !...

— Entrez, dit Floury.

Dans la chambre, Constance était sur le lit. Elle était saoule, mais elle opérait fort bien dans cet état.

— Allons, lui dit Floury en la jetant à bas, secoue-toi !... Allons !... C'est pour une *affaire*...

Puis il remarque une des bonnes, elle lui plaît, et il l'emmène prendre une consommation dans un café.

Quand ils reviennent, tout était prêt, on procède à l'opération, et la domestique, mal soutenue par ses deux amies, tombe presque immédiatement par terre en se tordant dans les coliques...

Ils attendent tous alors un instant, et la Thomas, les yeux dilatés, guettait le « moment », en se préparant à tomber dans les bras de son « grand voyou ». Mais la malheureuse n'avortait pas ! Elle poussait des cris, des râles, se tordait toujours sur le plancher, et Floury, inquiet, n'attend pas plus longtemps. Il sort, ramène un fiacre, profite d'une minute de calme pour y faire monter la pauvre fille à moitié portée par lui et les bonnes, saute dans la voiture avec les trois femmes, arrive avec elles chez la misérable, la monte avec leur aide à son cinquième ou à son sixième, la couche, la borde, la couvre de couvertures, et puis tout ce monde se sauve sans bruit, sans prévenir personne, en la laissant là toute seule pour la nuit.

Le baron, le lendemain, ne voit pas sa domestique... Alors, il va la chercher... Il monte, il connaît la chambre, et trouve la clé sur la porte...

— Tiens !

Il écoute, mais n'entend rien. Il ouvre.

Marie ne bougeait pas dans son lit, et il y avait par terre, au milieu du carreau, un petit corps dans une cuvette...

Marie, aujourd'hui, fait le trottoir sur les boulevards extérieurs. Elle est à vingt sous la passe...

* * *

Madame V... est une négociante du boulevard Saint-Germain. Abandonnée de son mari, restée seule avec des enfants, ne sachant plus comment ni vivre ni les élever, elle s'est mise à tout hasard dans le commerce, et son commerce a réussi. Les choses, par bonheur, ont bien tourné !

Malheureusement, elle a eu un amant, et s'est trouvée un jour enceinte. Que pouvait-elle faire ? Attendre ? Laisser venir le nouvel enfant, lorsqu'elle était mariée, et qu'elle en avait d'autres ? Elle était terrifiée et ne songeait qu'à son état, lorsqu'elle remarque, un matin, la pâleur de sa domestique.

— Est-ce que vous êtes malade ? lui dit-elle.

La bonne lui avoue alors, dans un besoin de soulagement, qu'elle s'est fait avorter, parle, et lui donne quelques détails.

Madame V... ne répond rien, semble écouter ce qu'elle entend comme on entend des choses indifférentes, mais retient l'adresse de Constance et de Floury, et arrive chez eux le jour même.

— Monsieur, m'a-t-elle dit, j'étais folle, je pensais à me tuer, et, la mort pour la mort, je suis allée les voir... Je ne sais même plus bien ce qui s'est passé... Mais quelles gens !... Je me rappelle qu'elle était sur son lit, il la battait pour la faire lever, elle grognait comme une bête féroce... Et cette chambre, cette odeur !... Il y avait une table ignoble, avec des verres et des litres...

Elle me parlait à voix basse, des clients entraient à toute minute, et tout, dans le petit magasin, était en ordre parfait, toutes les vitrines reluisantes.

— Seulement, continua-t-elle, ce procès va me ruiner. Dix-huit jours en Cour d'assises !... Comment est-ce que je vais pouvoir faire ?... Vous comprenez bien que je n'ai jamais parlé de rien à personne. Mes enfants ne se doutent de rien... Personne, dans le quartier, ne sait rien...

Une petite fille d'une douzaine d'années sortait en ce moment de l'arrière-boutique, et vint dire gaiement quelque chose à madame V...

— C'est ma fille, monsieur, me dit-elle, quand la petite fille fut ressortie. Je ne sais pas, je vous le jure, ce qui va arriver... C'est le 16, n'est-ce pas ?... Je crois que je serai folle avant !...

Maurice Talmeyr
(La suite à demain)
Gil Blas, 13 novembre 1891.

Un Numéro : Paris, 15 cent. — Départements, 20 cent.

GIL BLAS

GIL BLAS ILLUSTRÉ

SOMMAIRE

L'Impératrice & le Poète

Nouvelles et Échos

NOUVELLES A LA MAIN

LIVRES CHRONIQUES

LES AVORTEUSES DE PARIS

Depuis le 10 novembre 1891, le feuilleton « Les avorteuses de Paris » fait la une de *Gil Blas*. *Gil Blas*, 13 novembre 1891. Source : RetroNews-BnF.

1903 : le journal féministe La Fronde *plaide la cause des avortées et des avorteuses*

En janvier 1903, alors que les affaires d'avortement défraient régulièrement la chronique et conduisent à des procès où la condamnation reste néanmoins l'exception, La Fronde *plaide la cause des avortées comme des avorteuses. Fustigeant les analyses « simplistes », le quotidien féministe fondé en 1897 par Marguerite Durand, et qui aura jusqu'à 50 000 lecteurs, justifie l'avortement comme « un essai de révolte » contre la fatalité de la nature, « une revendication désespérée du libre arbitre, la défense suprême de l'être à qui on impose de donner la vie ». Et si l'avortement a « un résultat lamentablement identique à celui d'un crime, on ne peut nier davantage qu'il soit également le même - parfois - que celui d'une opération chirurgicale ».*

L'article est signé Jeanne H. Caruchet, épouse d'Henri Caruchet, artiste peintre, illustrateur et poète. D'abord institutrice, elle devient une collaboratrice régulière de La Fronde. *En 1904, elle consacre un ouvrage entier à la question de l'avortement,* L'Ensemencée.

Avortées et Avorteuses

Les unes et les autres sont considérées par la société comme des criminelles.

L'instruction des affaires d'avortement est toujours regardée comme scandaleuse ; la honte et le châtiment sont le partage des actrices de ces drames : la honte pour celles qui furent victimes, le châtiment pour celle qui fut bourreau ; et l'hypocrisie mondaine pressent un tel abîme de douleurs, un tel enfer social et humain dans ces sinistres aventures, qu'elle n'en parle qu'à mots détournés et couverts, avec des euphémismes qui travestissent et maquillent la réalité, qui sont comme d'aimables concessions au bon goût et à la décence.

La vérité, c'est qu'il faut au contraire avoir le courage de se pencher sur ces tragédies obscures, et d'en connaître toute l'horreur, toute la misère, afin d'en rapporter, non le frisson superficiel, épidermique du dégoût, mais l'émotion poignante de la pitié douloureuse.

Ce qui donne à ces sombres histoires toute leur épouvante, c'est que, bien souvent, il y a une morte qui pèse de tout son poids terrible et inerte sur les débats du procès. Dans la récente affaire de Puteaux, il y en a deux, déjà exhumées de leur tombe. Ce sont ces tristes cadavres, qui, pour bien des esprits, mettent une si étroite similitude entre un avortement et un vulgaire assassinat.

On ne peut nier, évidemment, que le résultat soit lamentablement identique à celui d'un crime ; mais on ne peut nier davantage qu'il soit également le même – parfois – que celui d'une opération chirurgicale, pratiquée par un maître, au grand jour clair et loyal d'une salle de nos hôpitaux. Et cette opération, qui peut avoir – qui a de temps à autre – une issue fatale, a été souvent décidée, par nécessité d'ailleurs, la plupart du temps un peu en dehors de la volonté du malade, ou tout au moins après une certaine pression exercée sur cette même volonté. Dans l'avortement, rien de pareil ; c'est la patiente au contraire, qui sollicite l'intervention brutale et décisive du fer, qui appelle la mutilation, risque de son plein gré la souffrance et la mort. Crime étrange en vérité, où la victime adjure et supplie l'assassin d'être sans pitié...

Que l'on n'aille pas se méprendre sur nos paroles, et croire que nous innocentons pleinement les sinistres avorteuses, qui, d'une « mère joyeuse et forte », selon l'expression du poète, font cette lugubre chose, bonne à mettre en terre. Nous savons qu'elles agissent souvent poussées par l'appât du gain, qu'elles font payer cher, quand elles le peuvent, leur dangereux ministère, et la cupidité est toujours chose répugnante.

Mais que l'avorteuse ait affaire à la cliente riche, qui peut évaluer sa délivrance à plusieurs billets bleus, ou bien à la petite servante sans le sou, qui vient d'être mise à mal, il y a toujours sollicitation, et combien insistante, combien importune parfois !

Dans *Fécondité*, Zola, qui ne pouvait guère, certes, être soupçonné d'indulgence à l'égard des « faiseuses d'anges », met pourtant, dans la bouche de l'une d'elles, des paroles d'une vérité tellement affreuse, mais aussi tellement absolue, que l'on demeure frissonnant, mais que l'on ne trouve rien à répondre. Franchement, sincèrement, cette femme invoque les confessions épouvantables qui lui sont faites, montre les désespérées qui lui arrivent, qui la prient et supplient, jurent de se tuer si elle les refuse ; toutes les pauvres filles séduites et abandonnées, sans secours, sans argent, qui s'affolent et sont prêtes pour l'infanticide, si on ne les délivre pas assez tôt... Elle dit aussi ses hésitations, ses luttes, ses répugnances et ses craintes, dont seules des prières insensées, arrivent à triompher, et la certitude où elle est de remplir malgré tout une mission utile, une mission de charité, en sauvant du suicide ou du meurtre tant de femmes en larmes, que souvent une autre volonté, celle de l'homme, du complice, pousse secrètement aux pires expédients. Et tout cela est si écrasant de vérité, que, malgré la dangereuse horreur de ces manœuvres, on arrive à décharger un peu, malgré soi, la sage-femme qui consent à les pratiquer, en songeant aux innombrables détresses qui viennent à elle comme à leur unique salut.

Mais, comme nous le disions au début, ce n'est pas seulement l'avorteuse que la société charge de sa réprobation ; c'est encore l'avortée. Celle-là aussi est coupable, coupable d'avoir attenté à la vie obscure et inconsciente qu'elle portait en elle, de n'avoir pas respecté, en son ventre douloureux, le temple de la création humaine...

Qu'elle l'ait déjà durement expiée, cette faute, par les pires souffrances physiques, et mille tortures morales, ce n'est pas assez ; elle demeure coupable, flétrie et chargée de honte. Puisque la volonté du hasard avait désigné ses entrailles pour participer au renouvellement incessant du monde, elle ne s'appartenait plus, n'était plus que le passif instrument du génie de l'espèce, et devait se soumettre aux inéluctables décrets de la fatalité...

L'avortement est justement un essai de révolte - parfois bien chèrement payé - contre cette fatalité de la nature, qui en plus des lois et des préjugés pèse sur la femme. C'est une revendication désespérée du libre arbitre, la défense suprême de l'être à qui on impose de donner la vie, et qui, précisément, ne veut pas la donner : de la créature qui voudrait rester maîtresse de son corps, ne pas se voir la proie impuissante d'une force aveugle. Il est odieux, pour la femme, de se livrer sans amour, mais il est odieux aussi pour elle d'enfanter sans joie, sans désir, de se sentir irrémédiablement l'esclave de ses organes, après avoir été souvent celle de l'homme.

Ce n'est pas toujours par spéculation que l'avorteuse accomplit sa dangereuse besogne ; ce n'est pas non plus toujours par égoïsme ou lâcheté que l'avortée se confie aux mains sinistrement expertes. Rien de ce qui est profondément humain ne saurait être aussi simpliste. Souvent, ces « scandaleuses » affaires renferment plus de pitié, d'égarement, de révolte et de fraternité douloureuse que la pruderie bourgeoise ne saurait le penser.

Jeanne H. Caruchet
La Fronde, 24 janvier 1903.

SEPTIÈME ANNÉE. — N° 1872 — SAMEDI 24 JANVIER 1903. — SAINT BABYLAS — LE NUMÉRO : CINQ centimes

La Fronde

DIRECTRICE : MARGUERITE DURAND

L'ANNIVERSAIRE DE CLÉMENCE ROYER

Avortées et Avorteuses

LA RUE

LES COCHERS

Parayre

LE LEGS

Nouvelles féministes

On dit...

Manifestation d'étudiants

NOUVELLES

L'article de Jeanne Caruchet en une de *La Fronde*, « journal quotidien, politique, littéraire [...] dirigé, administré, rédigé, composé par des femmes en coopération », comme l'indique fièrement le petit encart en haut à gauche. *La Fronde*, 24 janvier 1903. Source : RetroNews-BnF.

La « facilité déconcertante » des manœuvres abortives : l'enquête du Journal *en 1928*

En novembre 1928, Le Journal *- qui fut l'un des quatre grands de l'âge d'or de la presse du début du XXe siècle, désormais de tendance nationaliste et anticommuniste - publie une enquête sur la pratique de l'« avortement criminel » : un « fléau national », « une des causes les plus alarmantes de la dénatalité ». Le reportage de Marise Querlin conduit le lecteur de la pharmacie où elle se procure facilement une sonde abortive au cabinet d'une sage-femme qui pratique les avortements à domicile. Il interroge, pour finir, un médecin accoucheur et une sage-femme de la Maternité de Paris sur le bien-fondé du secret médical en la matière.*

Collaboratrice du Journal *et de* Paris-Soir, *adepte du journalisme d'immersion, Marise Querlin est aussi l'autrice, en 1928, d'une série de reportages sur les filles-mères, qu'elle réalise en grande partie sous des identités et des fonctions d'emprunt. Paru aux Éditions de France sous le titre* Les Ventres maudits, *l'ouvrage sera tiré à 200 000 exemplaires.*

L'avortement criminel

Honneur du nom, misère, égoïsme. Elle a plusieurs visages, la révolte de la femme contre la nature. Il faut un scandale comme celui qui éclabousse aujourd'hui le jeune vicomte de la Besse, sa maîtresse, et la sage-femme Rivière, pour situer au premier plan d'une actualité qui pourrait être quotidienne une des causes les plus alarmantes de la dénatalité : l'avortement criminel.

Car, malgré les lois du 31 juillet 1920 et du 27 mars 1923, punissant d'amendes et de prison ceux qui ont participé à des manœuvres abortives, c'est avec une facilité déconcertante que ces manœuvres peuvent être pratiquées chaque jour en France.

Les statistiques du médecin gynécologue, de la sage-femme intègre, sollicités « avant », appelés « après » sont impressionnantes. Mais pourquoi vous les donner ? Seules seraient exactes les statistiques du Ciel. Nous ne les connaissons pas.

Laissons donc les chiffres pour les faits...

* * *

Cette pharmacie du centre offre à l'admiration des passants oisifs de bien jolis bocaux. Des boules rouges, des boules bleues - sang et ciel - nous font rêver juste un instant. Entrons.

— Vous désirez, madame ?

Ce que je désire ne regarde pas les clients qui sont là, et ne peut pas être dit à tout le monde. Mais l'aide-pharmacien a l'habitude de recevoir des confidences, il me comprend vite. Il disparaît, reparaît après quelques instants, un petit paquet dans une main, un bon de caisse dans une autre. L'opération n'a pas duré trois minutes. Aucune question. Suis-je médecin ? Suis-je sage-femme ? Non... Mais ce qu'on vient de me vendre peut fort bien servir à des fins médicales qui ne sont ni l'accouchement, ni l'avortement. Or la loi qui « réprime la provocation à l'avortement et à la propagande anti-conceptionnelle » ne prévoit ses peines que pour ceux « qui auront vendu des substances, instruments ou objets, *sachant* qu'ils étaient destinés à commettre le crime d'avortement ».

Évidemment, ce pharmacien, spécialisé, ignore à quel usage va servir la sonde qu'il m'a vendue !

Poursuivons notre enquête.

Cette adresse à Auteuil m'a été donnée comme celle d'une sage-femme avenante. Je m'y rends. L'écriteau sur la porte annonce qu'ici les futurs enfants meurent en première classe. Une bonne enceinte m'ouvre, échevelée. Dans le petit salon, outre quelques photographies, et des fauteuils Louis-Philippe, il y a un piano, et deux femmes au gros ventre. La matrone ouvre pour les appeler une porte qui communique, semble-t-il, avec sa propre chambre, toute en pitchpin, car les cimetières sont toujours clairs... J'attends un peu, puis suis reçue à mon tour.

— Vous comprenez, madame, un enfant c'est ennuyeux, impossible...

— Oui... oui... je comprends. Vous irez acheter ce que je vais vous indiquer à la pharmacie X (celle d'où je viens) et demain matin je serai chez vous à neuf heures. Je ne veux rien faire ici, c'est trop dangereux. Ah ! êtes-vous sûre de votre famille, domestiques ? Oui... Bon... Alors ce sera deux mille francs... payables avant naturellement. S'il y avait une complication...

S'il y avait une complication... eh bien, le médecin est là pour soigner les malades. Que peut-il dire ? « Secret professionnel. »

Là est le dilemme. La sage-femme, le médecin sollicités pour un avortement criminel, ou appelés pour ses suites, devraient-ils pouvoir être déliés du secret professionnel ?

— Oui, me dit Mlle Mossé, sage-femme en chef de la Maternité de Paris. Ce qui met certaines sages-femmes dans la situation de Mme Rivière, c'est la sollicitation éhontée dont elles sont chaque jour l'objet. Pauvres, car dans les villes elles sont trop, et dans les campagnes concurrencées par des matrones sans diplôme, partout handicapées par les médecins et les hôpitaux, pauvres, elles sont, sur 12 000 en France, 1 200 à peine qui peuvent vivre de leur profession. Et par centaines, cyniquement, les femmes viennent leur demander de les débarrasser du fruit de leur amour. Elles succombent parfois.

Elles seraient moins sollicitées, donc moins tentées, si la femme n'était sûre de trouver chez elles la certitude de n'être pas dénoncée.

— Supprimer le secret professionnel en matière d'avortement criminel ? C'est impossible, me dit le Dr Pouliot, un des accoucheurs les plus réputés à Paris. Ce serait empêcher la femme en danger après des manœuvres abortives, de nous appeler. Alors ? faut-il pour éviter quelques avortements (car celles qui y sont décidées le pratiqueraient quand même) multiplier les décès des malheureuses femmes criminelles ? La société n'y gagnerait rien. C'est autre part qu'il faut chercher le remède.

Il importe de dire que si Mlle Mossé et le Dr Pouliot ne sont pas d'accord sur la réglementation du secret, c'est que tous deux, apôtres fervents de leur idéal professionnel, cherchent les moyens les plus propres à enrayer un fléau national : l'avortement, dont le médecin louche... ou hélas ! parfois le médecin faible, rares tous deux il est vrai, disputent le monopole aux matrones.

Marise Querlin
(À suivre.)
Le Journal, 12 novembre 1928.

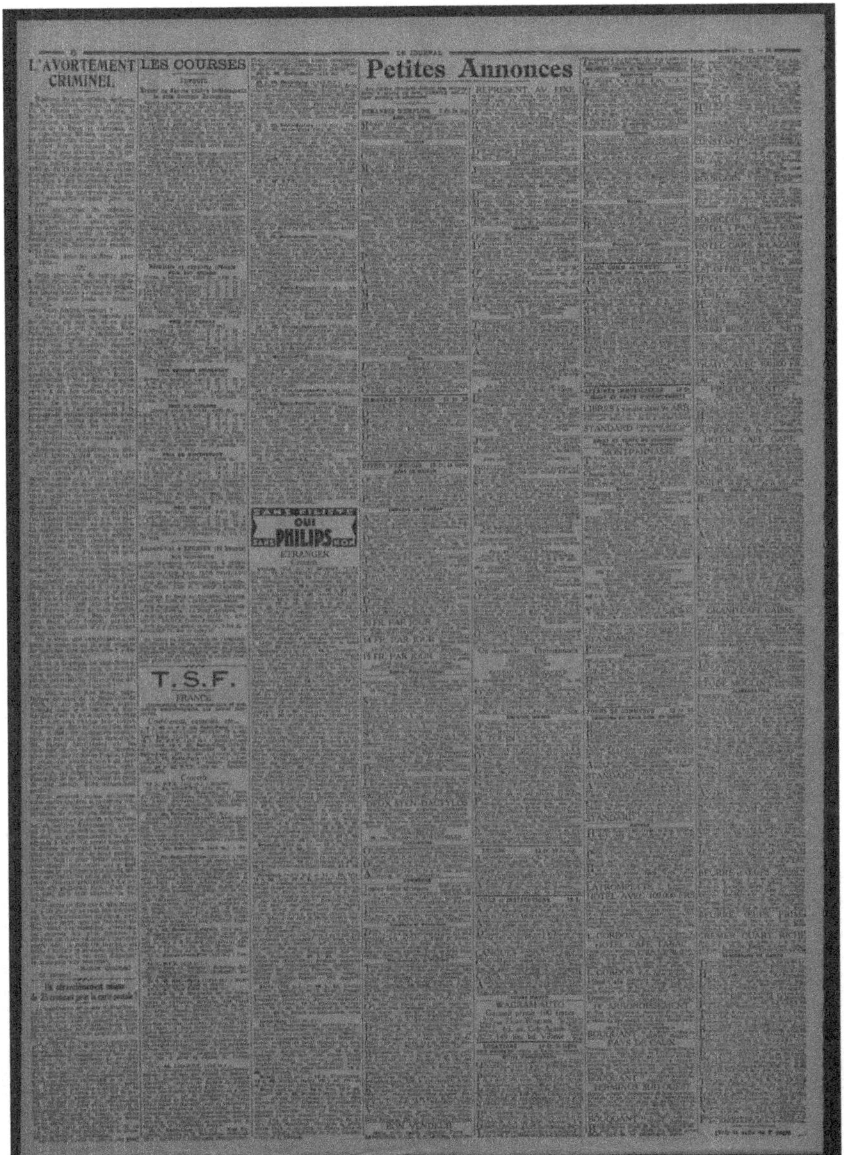
L'AVORTEMENT CRIMINEL
LES COURSES
Petites Annonces
OUI PHILIPS
ETRANGER
T.S.F.
FRANCE

Le reportage de Marise Querlin sur l'avortement, en page 6 du *Journal*, à côté des résultats des courses et des petites annonces. *Le Journal*, 12 novembre 1928. Source : RetroNews-BnF.

Du son au livre, le crime « en 3D »

La presse dit le crime, elle en fait des histoires, elle y voit des « bandes », des « affaires ». Elle surnomme la tueuse, l'assassin, les meurtriers. Un « petit nom », ça permet de s'attacher, de créer des anti-héro(ïne)s qu'on suivra en feuilletons. Le crime se transforme en contes cruels qui ne circulent jamais si bien que quand les personnages sont bien contrastés, le décor bien campé, le suspense ménagé... Bref, quand le scénario plaît au lecteur.

L'attrait du public pour les affaires criminelles n'est pas neuf. Si le sang à la une fait rarement dans la dentelle, il contribue à l'essor de la presse à l'âge industriel et fait passer de main en main le papier imprimé, contribuant ainsi à la diffusion des supports d'information.

À force d'étudier, avec des historien·nes de premier plan, au long des épisodes du podcast « Séries noires à la une », les faits divers du passé sous l'œil des journaux, on a bientôt compris que non, ce n'était pas mieux avant. On a compris aussi que la presse, pour le sensationnel ou pour la bonne conscience (ou les deux), avait tendance à mélanger les faits et le jugement moral. Elle protège son époque, dirait-on, et distingue le bien et le mal avec ferveur, comme une réaction réflexe.

Éloignés que nous sommes des faits reprochés comme des kiosques de jadis, on y voit plus clair. La presse nous donne des détails, des éléments d'enquête, décrit des lieux, des gestes. C'est comme si on y était. Le foisonnement du papier peut donner l'impression de retrouver les trois dimensions. Mais on y voit aussi les scléroses d'une époque, les débats vifs et radicaux, le regard en surplomb de certains journalistes, mêlé de mépris de classe. Le jeu avec le réel, pour mieux tenir le lecteur en haleine. La sagesse aussi, parfois, d'une signature qui refuse la caricature et cherche l'humanité partagée chez l'accusé·e.

C'est cette matière, éminemment vivante, qui fait le succès du podcast « Séries noires à la une » qui met des voix sur ces archives de papier. De certains de ces entretiens et de ces lectures, il ressort le livre que vous avez en main. « *True crime* », dit-on aujourd'hui. Effectivement. Ces histoires sont parfois terribles, saisissantes, hors du commun. Et toutes vraies.

Thomas Baumgartner

Notes

Avant-propos

1. Dominique Kalifa, Philippe Régnier, Marie-Ève Thérenty et Alain Vaillant (dir.), *La Civilisation du journal. Histoire culturelle et littéraire de la presse française au XIXe siècle*, Paris, Nouveau Monde Éditions, 2011, p. 979.
2. *Id.*
3. Extrait du journal *Excelsior*, 13 novembre 1911, tiré de l'article « Me Henri-Robert parle des femmes criminelles ».

PARTIE I. GERMAINE BERTON, L'ANARCHISTE QUI A VOULU VENGER JAURÈS

Chapitre 1. De Léon Daudet à Marius Plateau, un meurtre qui vise l'Action française

1. *L'Action française*, 23 juillet 1914. Le 16 mars 1914, Henriette Caillaux avait tué Gaston Calmette, directeur du *Figaro*, d'une balle de revolver à cause de la campagne de presse dont son mari, le ministre des Finances Joseph Caillaux, était la cible. Elle sera finalement acquittée, le 28 juillet, par la cour d'assises de Paris : son avocat a plaidé le crime passionnel.
2. *Le Populaire*, 19 décembre 1923.
3. *L'Action française*, 23 janvier 1923.

4. *L'Action française*, 23 janvier 1923.
5. *Le Petit Provençal*, 24 janvier 1923.
6. Ce militant anarchiste puis socialiste avait été retrouvé mort dans sa cellule à la prison de Fresnes en 1917, et la thèse du suicide largement mise en doute. Il était le fondateur des Jeunes gardes révolutionnaires créées pour lutter contre les Camelots du roi, ainsi que du *Bonnet rouge*, hebdomadaire satirique de « défense républicaine » favorable au rapprochement franco-allemand.
7. *L'Action française*, 23 janvier 1923. Voir l'article intégral dans la revue de presse, p. 64.
8. *L'Événement*, 23 janvier 1923.
9. *L'Action française*, 27 mars 1923.
10. *L'Écho de Paris*, 21 avril 1923.
11. *Excelsior*, 17 février 1923.
12. *La Petite République*, 18 février 1923.
13. *Le Matin*, 19 décembre 1923.
14. *Le Figaro*, 19 décembre 1923.
15. *L'Action française*, 19 décembre 1923.
16. *Le Libertaire*, 19 décembre 1923.
17. *Le Figaro*, 19 décembre 1923.
18. *L'Action française*, 3 décembre 1923.
19. *L'Humanité*, 20 décembre 1923.
20. *La Presse*, 24 décembre 1923.
21. *La France de Bordeaux et du Sud-Ouest*, 27 mai 1924.
22. *La Gironde*, 17 août 1924.
23. *Le Petit Provençal*, 2 novembre 1924.
24. *La Presse*, 3 novembre 1924.
25. *L'Action française*, 2 novembre 1924.
26. *Le Matin*, 2 novembre 1924.
27. *Le Petit Parisien*, 3 novembre 1924.
28. *Le Matin*, 6 juillet 1942.

Chapitre 2. La figure de Germaine Berton dans la presse

1. *Le Petit Parisien*, 19 décembre 1923.
2. Fanny Bugnon, « Penser la violence politique des femmes », dans Alexandra Frénod et Caroline Guibet-Lafaye (dir.), *S'émanciper par les armes. Sur la violence politique des femmes*, Paris, Presses de l'INALCO, 2019, p. 17-31.
3. Dominique Kalifa, *L'Encre et le sang. Récits de crimes dans la France de la Belle Époque*, Paris, Fayard, 1995.
4. Anne-Emmanuelle Demartini, « L'affaire Nozière entre instruction judiciaire et médiatisation », *Le Temps des médias*, vol. 15, n° 2, 2010, p. 126.
5. *L'Action française*, 6 février 1923.
6. *L'Action française*, 23 janvier 1923.
7. *Le Libertaire*, 26 janvier 1923.
8. *Le Libertaire*, 2 mars 1923.
9. *Le Libertaire*, 26 janvier 1923.
10. *Le Libertaire*, 27 avril 1923.
11. *Le Rappel*, 23 décembre 1923.
12. *Le Libertaire*, 18 décembre 1923.
13. *L'Action française*, 18 décembre 1923.
14. Christine Bard et Françoise Thébaud, « Les effets antiféministes de la Grande Guerre », dans Christine Bard (dir.), *Un siècle d'antiféminisme*, Paris, Fayard, 1999, p. 149-166.
15. Cité dans *Le Petit Parisien*, 25 décembre 1923.
16. *L'Œuvre*, 23 mai 1924.
17. *La Révolution surréaliste*, n° 1, décembre 1924.
18. *Germaine Berton, anarchiste et meurtrière, son procès en cour d'assises du 18 au 24 décembre 1923*, Archives de Paris, 2014.
19. Christine Bard, *Les Garçonnes. Modes et fantasmes des Années folles*, Paris, Flammarion, 1998.
20. Michelle Perrot, *Les Ombres de l'histoire. Crime et châtiment au XIXe siècle*, Paris, Flammarion, 2001, p. 179.

PARTIE II. AFFAIRES BORLET ET NOZIÈRE : CRIMES FAMILIAUX ET ENFANTS « MARTYRS »

Chapitre 4. Adolphine Borlet et Violette Nozière, indicibles incestes

1. *Le XIXe siècle*, 29 octobre 1891.
2. *Id.*
3. *Id.*
4. *La Fronde*, 21 février 1898.
5. *L'Observateur français*, 12 décembre 1891.
6. *Le Rappel*, 11 décembre 1891.
7. *Id.*
8. *Le Petit Journal*, 28 octobre 1891.
9. *Mercure de France*, 1er mai 1908.
10. Eau sédative (anciennement) : lotion composée d'ammoniaque, d'alcool camphré et de sel marin, qui était utilisée contre la migraine et les rhumatismes.
11. *La Justice*, 13 décembre 1891. Voir l'article intégral dans la revue de presse, p. 119.
12. *Le Matin*, 14 décembre 1891.
13. *L'Univers*, 10 janvier 1892.
14. *L'Intransigeant*, 13 octobre 1934.
15. *L'Ouest-Éclair*, 26 août 1933.
16. *Paris-Soir*, 1er septembre 1933.
17. *La Dépêche de Toulouse*, 26 août 1933.
18. *Le Carnet de la semaine*, 1er septembre 1933.
19. *Le Petit Journal*, 29 août 1933.
20. *Id.*
21. *Le Matin*, 29 août 1933.
22. *L'Aube*, 31 août 1933.
23. *Paris-Soir*, 30 août 1933.
24. *Le Figaro*, 30 août 1933.
25. *Paris-Soir*, 2 avril 1937.
26. *Le Phare de la Loire*, 10 septembre 1933.
27. *L'Œuvre*, 13 septembre 1933.

28. *Le Populaire*, 13 septembre 1933.
29. Voir p. 48.
30. Les surréalistes ajoutent un « s » à Nozière : les deux orthographes sont utilisées en 1933.
31. Paul Éluard, « Oser et l'espoir ».
32. Benjamin Péret, « Violette Nozières ».
33. *Le Journal*, 11 octobre 1934.
34. *Le Figaro*, 13 octobre 1934.
35. *L'Ère nouvelle*, 25 octobre 1934.
36. *Marianne*, 24 octobre 1934. Voir l'article intégral dans la revue de presse, p. 131.
37. *Medium*, n° 5, mars 1953.
38. Paul Éluard, « Oser et l'espoir ».

Chapitre 5. Le tabou de l'inceste dans la presse

1. *La Quotidienne*, 27 mai 1833.
2. *Le Petit Journal*, 28 octobre 1891.
3. *L'Événement*, 2 novembre 1891.
4. *Le Phare des Charentes*, 4 novembre 1891.
5. *Journal officiel de la République française*, 1er janvier 1897.
6. *L'Intransigeant*, 10 octobre 1880.
7. Fabienne Giuliani, *Les Liaisons interdites. Histoire de l'inceste au XIXe siècle*, Paris, Publications de la Sorbonne, 2014.
8. *Gil Blas*, 10 janvier 1892.
9. Anne-Emmanuelle Demartini, *Violette Nozière, la fleur du mal. Une histoire des années trente*, Ceyzérieu, Champ Vallon, 2017.
10. Expression employée à de nombreuses reprises, entre autres dans *Le Journal*, 30 août 1933 ; *L'Intransigeant*, 31 août 1933 ; *Paris-Soir*, 9 septembre 1933.
11. *Le Petit Parisien*, 30 août 1933.
12. *Paris-Soir*, 12 octobre 1934.
13. *Le Figaro*, 12 septembre 1933.
14. *Le Petit Parisien*, 12 septembre 1933.
15. *Paris-Soir*, 12 septembre 1933.
16. *Le Petit Journal*, 23 septembre 1933.

17. *Le Populaire*, 13 septembre 1933.
18. *Marianne*, 24 octobre 1934. Voir l'article intégral p. 131.
19. *L'Humanité*, 17 mars 1935.

PARTIE III. « AVORTÉES » ET « AVORTEUSES » : LE SCANDALE DE « L'AGENCE » DES BATIGNOLLES

Chapitre 7. « Apportez-nous de la dentelle » (les faiseuses d'anges devant les tribunaux)

1. *Gil Blas*, 18 novembre 1891.
2. *L'Éclair*, 17 novembre 1891.
3. Les filles soumises sont des prostituées inscrites officiellement dans les registres de police.
4. *La Cocarde*, 17 novembre 1891.
5. *La Presse*, 17 novembre 1891.
6. *Id.*
7. *Le Petit Journal*, 16 novembre 1891.
8. *Le Public*, 18 novembre 1891.
9. *Le Rappel*, 18 novembre 1891.
10. *Gil Blas*, 10 novembre 1891.
11. *Gil Blas*, 18 novembre 1891.
12. Maurice Talmeyr, *Sur le banc*, série 2, Paris, Plon, 1892. Voir aussi l'article intégral du 13 novembre 1891 dans la revue de presse, p. 179.
13. *Le Matin*, 17 novembre 1891.
14. *Le Droit*, 11 janvier 1891.
15. *L'Éclair*, 17 novembre 1891.
16. *Le Prolétaire*, 17 octobre 1891.
17. *L'Éclair*, 17 novembre 1891.
18. *La Presse*, 20 novembre 1891.
19. *Paris*, 21 novembre 1891.
20. *L'Événement*, 21 novembre 1891.
21. *Gil Blas*, 4 novembre 1890. Voir l'article intégral dans la revue de presse, p. 169.
22. *Le Petit Parisien*, 24 novembre 1891.

23. *La Presse,* 17 novembre 1891.
24. *L'Humanité,* 11 décembre 1927.
25. *Le Petit Parisien,* 31 juillet 1943.

Chapitre 8. L'avortement criminel dans la presse

1. *Le Matin,* 9 août 1920.
2. *La Lanterne,* 9 mai 1901.
3. *Le Droit,* 9 avril 1877.
4. *Gil Blas,* 10 novembre 1891.
5. *Le Public,* 19 décembre 1891.
6. *Gil Blas,* 4 novembre 1890.
7. *La Fronde,* 24 janvier 1903. Voir l'article intégral dans la revue de presse, p. 186.
8. *Le Cri du peuple de Paris,* 31 juillet 1943.

Remerciements

L'équipe éditoriale tient à remercier vivement toutes les personnes qui ont participé à la réalisation de cet ouvrage, et en particulier :

Thomas Baumgartner, voix et hôte du podcast « Séries Noires à la une » ainsi que les équipes qui ont travaillé sur la construction de la série : Thibaut Potdevin, Clémence Mary, Guillaume Girault, Sarah Trévillard, et Camille Ferey pour le studio wave.audio. Julien Lucchini, Manon Faure, Constance Esposito Ferrandi, Benoît Collas et Valentin Jendrysiak chez RetroNews.

Claire Blandin, Fanny Bugnon, Fabrice Cahen, Christian Delporte, Anne-Emmanuelle Demartini, et Fabienne Giuliani pour leur participation aux épisodes du podcast qui font l'objet d'une adaptation dans cet ouvrage. Nous les remercions pour leur éclairage scientifique sur les faits racontés, pour leur regard et les corrections apportées sur cet ouvrage.

Ils ont contribué à cet ouvrage

Thomas Baumgartner est auteur, producteur et homme de radio (Arte Radio, France Culture, Radio Nova). Il dirige le studio wave.audio et présente le podcast de RetroNews, « Séries noires à la une ».

Claire Blandin est historienne des médias, spécialiste de l'histoire des femmes. Elle est membre du Laboratoire des sciences de l'information et de la communication de l'université Paris 13.

Fanny Bugnon est historienne, maîtresse de conférences en histoire contemporaine à l'université Rennes 2, autrice des *Amazones de la terreur. Sur la violence politique des femmes, de la Fraction Armée rouge à Action directe* (Payot, 2015), ainsi que d'un article consacré à Germaine Berton paru dans la revue *Nouvelles questions féministes* (2005).

Fabrice Cahen est chercheur à l'Institut national d'études démographiques et historien de la naissance et des politiques de population.

Christian Delporte est historien, spécialiste de l'histoire des médias et de la communication politique. Il est professeur des universités émérite en histoire contemporaine à l'université de Versailles - Saint-Quentin-en-Yvelines.

Anne-Emmanuelle Demartini est professeure d'histoire contemporaine à l'université Paris 1-Panthéon Sorbonne et membre du Centre d'histoire du XIXe siècle. Elle est l'autrice notamment de *Violette Nozière, la fleur du mal. Une histoire des années trente* (Champ Vallon, 2017).

Michèle Pedinielli est écrivaine. Contributrice régulière à RetroNews, elle est notamment l'autrice des romans *Boccanera, Après les chiens, La Patience de l'immortelle* et *Sans collier* (éditions de l'Aube noire).

Alice Tillier-Chevallier est journaliste indépendante, spécialisée dans le domaine culturel (histoire, patrimoine, éducation). Collaboratrice régulière de RetroNews, *Archéologia* et *Le Français dans le monde*, elle est également traductrice de l'anglais au français.

Julie Duruflé et **Étienne Manchette** sont responsables éditoriaux de RetroNews. Ils ont dirigé la publication de *Chroniques ! 50 chefs-d'œuvre de la littérature vus par la presse* chez Flammarion, de la revue *RetroNews* éditée entre 2021 et 2022 par JC Lattès, et de *1913. Vers la Grande Guerre* aux éditions Tallandier.

Table des matières

PARTIE III. « AVORTÉES » ET « AVORTEUSES » :
LE SCANDALE DE « L'AGENCE » DES BATIGNOLLES

Composition et mise en pages
Nord Compo à Villeneuve-d'Ascq

PEFC
10-31-3532
Par nos approvisionnements en papier certifié PEFC, nous soutenons la gestion forestière durable au niveau mondial
www.pefc-france.org

Imprimé en France sur papiers
issus de forêts gérées durablement

Sepec Numérique

1, rue de Prony - ZA des Bruyères
01960 Peronnas

IMPRIM'VERT®

Achevé d'imprimer en septembre 2024
Numéro d'impression : N17932240854